IMPRESSUM

Math. Lempertz GmbH
Hauptstraße 354
53639 Königswinter
Tel.: 02223 / 90 00 36
Fax: 02223 / 90 00 38
info@edition-lempertz.de
www.edition-lempertz.de

LIKE US ON facebook www.facebook.com/MIXtippRezepte

Titelbild: Fotolia
Lektorat: Edition Lempertz, Christina Meuser
Layout/Satz: Christine Mertens
Druck und Bindung: Print Consult GmbH, München
Printed and bound in Lithuania

ISBN: 978-3-96058-284-7

Fotos:
©Adobe Stock: Sunny Forest, chandlervid85, Alp Aksoy, canvaspix/bayexpress, pilipphoto, jobrestful, Brent Hofacker, nata_vkusidey, Kaspars Grinvalds, www.PUSH2HIT.de, Vladyslav Bashutskyy, Mai, Svitlana, diidik, cat_arch_angel, setory, mallari, lyubovzaytseva, Igor Normann, emmi, lavabereza, wideworld, Giorgione, sonia, Javier brosch, chandlervid85, Dilya, Rawpixel.com, lognetic, jajam_e, blende40, Olga, Michael Gerlach, neillangan, Alp Aksoy, Impact Photography, fahrwasser, alexshyripa, Africa Studio, Kevin, Daria, olyina, blackday, oneinchpunch, jamdesign, Dmitry Lobanov, Rostyslav, 3532studio, shellygraphy, haveseen, polese, ivanmateev, Sven, joyt, Jenifoto, Iricat

©Stockfood: Michael Wissing, Michael Marquand, Oliver Brachat, William Lingwood, Gräfe und Unzer Verlag/ Michael Brauner, Winfried Heinze, Klaus Arras, Johnér, Gräfe und Unzer Verlag/ Wolfgang Schardt, Cindy Haigwood, patsy&christian, Rob Fiocca Photography, Tim Winter, Frank Croes, Teubner Foodfoto, Matthias Hoffmann

©shutterstock: vixenkristy

©fotolia: olezzo, william87, simona, lilechka75, cook_inspire, Foodlovers

©Edition Lempertz

©Gerhard Walter

FSC www.fsc.org MIX Papier aus verantwortungsvollen Quellen FSC® C084279

klimaneutral powered by ClimatePartner® Druck | ID 12515-1708-1001

Herausgegeben von mixtipp

Antje Watermann

Lieblings-COCKTAILS

Geschüttelt und gerührt aus dem Thermomix®

LEMPERTZ

INHALT

Liebe Thermomixfreunde,

was gibt es Besseres als einen selbstgerührten Cocktail aus dem Thermomix®? Gute Drinks, die auch noch ausgezeichnet schmecken, kann man in nur wenigen Minuten selber machen! Es ist so viel leichter, als man denkt!

Wir vom Team mixtipp bevorzugen unsere Cocktails gerührt, nicht geschüttelt. Um dir Gerrys Cocktails zu mixen, brauchst du vor allem einen: deinen Thermomix®! Während du für das Mischen herkömmlicher Cocktails viele einzelne Werkzeuge benötigst, hast du mit dem Thermomix® schon das Wichtigste zur Hand! Was du sonst noch brauchen könntest, erläutert Gerry dir in der Einleitung.

Ein Cocktail muss nicht aus einer Vielzahl an Zutaten bestehen, damit er zu einem echten Erlebnis wird. Auf die Mischung kommt es an: Es ist vor allem wichtig, dass die einzelnen Komponenten miteinander harmonieren. Und trotzdem gibt es eine beachtliche Anzahl an Varianten zu entdecken. Welche Geschmacksrichtung findest du interessant? Geschmäcker sind bekanntlich verschieden, aber wir versprechen dir: Für jeden und jede ist etwas dabei. Die Geschmacksnoten der Cocktails in diesem Buch erstrecken sich von spritzig leicht, bis hin zu stark, und über herb-fruchtig, bis hin zu sahnig-süß.

Mit diesem Buch möchten wir dir gerne abwechslungsreiche Rezepte für Cocktails an die Hand geben. Egal bei welchem Anlass du einen Cocktail zubereiten möchtest, es ist für jede Gelegenheit etwas dabei: einfach nur zur Entspannung, für ein heißes Date, für Freunde zum Abendessen, zum Brunch oder zur Gartenparty. Entdecke einen Klassiker für dich neu, mixe dir einen Drink einfach mal so zwischendurch auch ohne Alkohol, oder lass dich von exotischen Früchten und feinen Gewürzen überraschen.

Viel Spaß beim Mixen!

Antje Watermann

Herausgeberin, Edition Lempertz

Einleitung

Drink, Fizz, Flip, Longdrink, Mischgetränk, Mixed Drink, Mixgetränk … oder einfach nur: COCKTAIL. Die Herkunft des Wortes Cocktail bleibt bislang ungeklärt. Übersetzt man das englische Wort cocktail, so bedeutet es Hahnenschwanz. Man vermutet, dass die Bezeichnung bereits im 18. Jahrhundert entstand.

Beim Stichwort Cocktail denkt man ohne zu Zögern an Cocktail-Klassiker wie Caipirinha, Moscow Mule, Mai Tai, Tequila Sunrise, White Russian oder Planter's Punch. Neben diesen klassischen Vertretern gibt es aber auch viele Neukreationen, die gerne auf Partys, in Cocktailbars oder in Restaurants angeboten werden.
Wähle aus meiner Cocktail-Rezeptsammlung vom bewährten Barklassiker bis zum aktuellen Trend-Cocktail das, wonach dir gerade ist – hier findest du die besten Cocktailrezepte zum Selbermachen. Genau das Richtige für deine nächste Party. Mit meinen Rezepten und ein klein wenig Fingerspitzengefühl solltest du dich innerhalb kürzester Zeit über tolle Drinks freuen können. Selbstverständlich kannst du auch deinen ganz persönlichen Stil mit einbringen und bei jedem Gerry-Cocktail die Mengenangaben nach deinen „Bedürfnissen" anpassen.

Aber, so gut dir die Cocktails auch schmecken mögen, versprich mir, auf dich Acht zu geben, denn nur ein Konsum in Maßen kann wirklich bespaßen.
Auf dich!

VORBEREITUNG

Kühlen der Cocktailgläser
Grundsätzlich ist es natürlich nicht vorgeschrieben, Cocktailgläser vorzukühlen (fachsprachlich nennt man das auch frosten oder freezen). Es ist aber tatsächlich ganz besonders bei einem Drink, der ohne Eiswürfel oder Crushed Ice angerichtet wird, von Vorteil, denn dadurch erwärmt er sich nicht so schnell wieder. Außerdem sorgt eine leichte Frostschicht, die sich beim Servieren auf dem Glas bildet, sicher für einen Wow-Effekt bei deinen Gästen.
Du hast die Wahl: Du kannst deine Gläser im Tiefkühler oder mit Eis vorkühlen. Entscheidest du dich für Variante A, das Vorkühlen im Tiefkühler, so solltest du natürlich vor der großen Party noch schnell entsprechend Platz im Eisfach schaffen, um so viele Gläser wie möglich dort unterbringen zu können. 45 Minuten reichen aus, um die Gläser herunterzukühlen. Und noch ein kleiner Tipp: Nimm das entsprechende Glas erst aus dem Tiefkühler, wenn dein Drink fertig gemixt ist, denn sonst war das Ganze ja für die Katz.
Aber auch Variante B ist effektiv. Fülle dein Glas noch vor der Zubereitung deines Cocktails randvoll mit Crushed Ice oder Würfeleis. Dann musst du entscheiden: Sind die Temperaturen im Sommer höher und das Eis schon stark geschmolzen, wenn dein Drink fertig gemixt ist, so nimm lieber „frisches" Eis für deinen Cocktail, damit er nicht verwässert.

Das richtige Eis für den perfekten Cocktail
Das Geheimnis eines perfekten Cocktails liegt in der Form, der Größe und der Menge des verwendeten Eises. Denn nicht nur die Temperatur ist entscheidend, sondern auch der Grad der Verdünnung. Auf der einen Seite wird ein gerührter Cocktail schnell zu wässrig, wenn das Eis zu klein ist. Auf der anderen Seite könnte der Drink zu herb schmecken, wenn ein Cocktail zu wenig verdünnt wird. Ob Eiskugel, Crushed Ice, Eissticks oder Eiswürfel: Welches Eis zu deinem Drink passt, findest du im jeweiligen Rezept.

Weitere Werkzeuge für die Zubereitung
Denke im Voraus darüber nach, welche Werkzeuge du möglicherweise noch für die Zubereitung deiner Cocktails brauchen könntest.

Korkenzieher & Flaschenöffner: So ausgerüstet bekommst du jede Flasche auf.

Barzange: Die Verwendung einer (Edelstahl-) Barzange ist hygienisch und sieht zudem professionell aus. Sie dient dem Bewegen von Eiswürfeln und Garnituren (z.B. Cocktailkirschen oder Orangenscheiben).

Stößel: Ein besonderes Aroma entsteht, wenn du frische Kräuter oder Früchte mit dem Stößel zerdrückst. Das nennt man auch „muddeln". So landen der Saft und auch die ätherischen Öle der Schale im Glas.

Barlöffel: Den Barlöffel kannst du, wie auch die Barzange, zum Drapieren von Garnituren verwenden. Der langstielige Löffel dient auch zum Abmessen kleiner Flüssigkeitsmengen, vor allem aber zum Umrühren von Mixgetränken.

Trinkhalme: Da Trinkhalme ursprünglich aus Stroh hergestellt wurden, werden sie auch Strohhalme genannt. Für Cocktails gibt es auch Halme mit größerem Durchmesser, die den Vorteil haben, dass sie sich nicht gleich mit Zucker, Crushed Ice oder Ähnlichem zusetzen. Neben den handelsüblichen Strohhalmen aus Kunststoff kann man auch Halme aus Edelstahl (oder bruchfestem Glas) zum Trinken verwenden, der hochwertige und beständige Edelstahl ist dank der speziellen Eigenschaften des Materials ideal für Cocktails, Longdrinks, Bowle etc.

Messer: Mit einem Messer mit glatter Klinge kannst du nicht nur die Folie von Wein- und Champagnerflaschen entfernen, sondern auch alles Weitere zum Garnieren zurechtschneiden.

Zitruspresse: In einer guten Bar wird Saft aus Zitrusfrüchten immer frisch gepresst.

Zestenreißer: Dieses Werkzeug findet in erster Linie darin Verwendung, hauchdünne Streifen (Zesten) aus der Fruchtschale von Zitrusfrüchten abzutrennen. Diese werden zum Aromatisieren der Cocktails und für dekorative Zwecke hergestellt.

DAS RICHTIGE GLAS FÜR JEDEN COCKTAIL

So vielfältig wie die Cocktails selbst sind auch die dazu passenden Gläser. Das Glas ist essentieller Bestandteil eines guten Cocktails und sollte auf den jeweiligen Inhalt abgestimmt sein. Probier es selber aus: Schenke deinen Lieblingscocktail in verschiedene Gläser, rieche daran und probiere ihn. Das Ergebnis ist verblüffend.

Cocktailschale (auch: Coupes, Cocktailbowl)
Man stelle sich einen Cocktailempfang vor ... und schon weiß man, wie dieses Glas aussieht: eine gewölbte Schale mit Stiel (oder auch: ein Glas mit Stil). Oft ist mit Cocktailglas die Cocktailschale gemeint, in der viele Shortdrinks serviert werden. In ihren Proportionen ähneln sie oft Sektschalen, haben aber meist eine kleinere Füllmenge. Eine bekannte Variante der Cocktailschale stammt aus den 1930er oder 1940er Jahren, sie trägt den Namen Nick and Nora.
Auch das Martiniglas ist eine spezielle Form der Cocktailschale. Der Name des trichterförmigen (konischen) Martiniglases täuscht: Es werden nicht nur Martinis, sondern auch geshakte Drinks wie der Cosmopolitan in diesem klassischen Cocktailglas serviert.
In einem Margaritaglas werden, wie der Name schon verrät, meist Margaritas serviert. Auch dieses Glas ist eine Variante der Cocktailschale. In den niedrigen, breiten Kelch passt viel Eis, das das Getränk lange kühl hält.

Sektglas (auch: Sektflöte / Flûte)
In diesem eleganten Glas wird nicht nur Sekt serviert. Auch Champagner- und Schaumweincocktails werden hierin kredenzt. Sektgläser werden auch für sogenannte Sours verwendet.

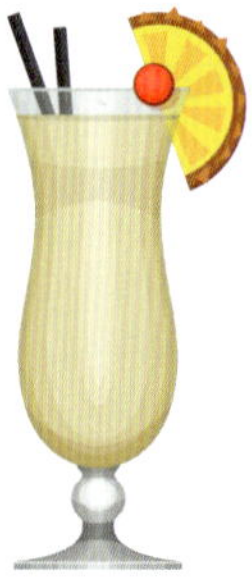

Hurricaneglas
In diesem Glastyp werden vor allem tropische und fruchtige Cocktails angerichtet (z.B. Coladas oder Batidas). Es handelt sich hierbei um ein hohes, bauchiges, geschwungenes Trinkglas mit kurzem Stiel.

Becherglas
(auch: Gobelet, Bibita)
Longdrinkgläser und Tumbler fallen unter die Kategorie Bechergläser, die vor allem für Cocktails verwendet werden, die mit Eiswürfeln im Glas direkt zubereitet und serviert werden. Auch Whiskygläser fallen unter diesen Glastyp.

Pitcher
Bei diesem Barutensil handelt es sich um einen Krug mit rund 1,5 Litern Fassungsvermögen. Ursprünglich stammt der Pitcher aus amerikanischen Bars, ist aber inzwischen zunehmend auch in deutschen Bars zu finden.

Kupferbecher
Ein Moscow Mule ohne seinen Kupferbecher? Fast undenkbar. Der Kupferbecher setzt den Drink besonders gut in Szene und hält ihn dank des Metalls extra kalt. Man sagt Kupfer außerdem nach, antibakterielle Wirkung zu haben. Andererseits ist auch bekannt, dass man für alkoholische Getränke, wie Moscow Mule, keine puren Kupferbecher benutzen sollte, da saure Flüssigkeiten wie etwa Limettensaft die äußere Kupferschicht ablösen können, die dann in deinem Drink landet. Wer hier Bedenken hat, kann Kupferbecher verwenden, die von innen mit einem anderen Metall beschichtet sind, zum Beispiel mit Nickel oder rostfreiem Stahl.

LÄUTERZUCKER SELBER HERSTELLEN

Für viele Cocktails benötigst du Läuterzucker, also einen Zuckersirup. Dieser Sirup ist vielseitig einsetzbar, auch für nicht alkoholische Getränke oder zum Tränken von Tortenböden. Bei der Menge, die du herstellen möchtest, kannst du variieren. Wichtig ist immer, dass du Zucker und Wasser zu gleichen Teilen vermischst.

Zubereitungszeit: 25 Minuten
Utensilien: 1 Flasche à 150 ml
Zutaten für 150 g Sirup

- 100 g Zucker
- 100 g Wasser

1. Koche Zucker und Wasser zusammen im Mixtopf 20 Minuten/ Varoma/ Stufe 2.

2. Lass den Sirup anschließend im Mixtopf abkühlen und fülle ihn dann in eine saubere Flasche um. Im Kühlschrank aufbewahrt hält sich der Zuckersirup ca. 3 Wochen.

COCKTAILS DEKORIEREN UND GARNIEREN

Der Cocktail ist fertig gemixt? Das ist schon mal die halbe Miete! Ein guter Cocktail besticht nicht nur durch seinen hervorragenden Inhalt, sondern auch durch ansprechende Dekoration. Als einfache Dekoration kann ein kleines Eisschirmchen oder ein Trinkhalm mit angehängten Papierapplikationen dienen. Aber auch mit Früchten, Kräutern, Rührstäbchen, Fruchtspießen o. Ä. kannst du tolle Dekorationsideen umsetzen. Cocktailgarnituren aus Zitrusfrüchten lassen sich einfach herstellen: Schalenspiralen aus Orangen-, Limetten- oder Zitronenschalen sehen effektvoll aus. Aus dem Obst kannst du mit Hilfe kleiner Keksausstecher auch außergewöhnliche Formen ausstechen, die du dann zusammen mit anderem Obst auf einen Zahnstocher oder ein Rührstäbchen spießen kannst und diesen z.B. quer über das Glas legst. Aus Erdbeerscheiben kannst du auch schöne Herzformen herstellen.

Ein Highlight ist der sogenannte Crustrand, mit dieser Dekoidee hebt ihr euch vom stinknormalen Cocktail sofort ab. Um diesen herzustellen, muss der Rand des Glases zunächst mit beispielsweise Zitronensaft befeuchtet werden. Dann schüttest du Zucker, Salz, Schoko- oder Kokosraspel auf einen kleinen Teller und drehst den Glasrand vorsichtig darin.

Einen tollen Effekt haben außerdem Eiswürfel mit fruchtigem Kern: Verteile einfach Minze, Beeren oder kleingeschnittene Fruchtstücke auf die einzelnen Kammern der Eiswürfelform, übergieße sie mit Wasser und lasse sie gefrieren.

Werde einfach selbst kreativ und lass dich von meinen Rezepten inspirieren!

Nun folgt ein Überblick über die verwendeten Alkoholika und Nicht-Alkoholika, damit du für die Cocktails bestens vorbereitet bist:

HOCHPROZENTIG

Angostura Bitter® – ist der wohl bekannteste Cocktailbitter. Cocktailbitters dienen zum Würzen von Gerichten oder Cocktails. Man sollte sie nicht pur, sondern nur in kleinen Mengen als Zugabe zum eigentlichen Getränk genießen – genau wie ein Gewürz eben. Den Angostura Bitter® mit 44,7 Vol% Alkohol erkennt man an seinem absichtlich zu großen Etikett. Er enthält Enzianwurzeln, Bitterorange und über 40 andere Kräuterextrakte, die ihm seinen bitteren Geschmack verleihen. Cocktails bereichert er mit genau dieser kräuterigen Tiefe.

Cachaça – ist eine brasilianische Spirituose mit 38–48 Vol% Alkohol. Anders als oft angenommen, ist sie kein Rum, auch wenn beide Ähnlichkeiten in Rohstoff und Herstellung haben. Cachaça wird nur aus Zuckerrohrsaft hergestellt und stammt immer aus Brasilien. Dort genießt sie nicht nur im Caipirinha und in Batida-Cocktails große Beliebtheit. Länger gereifte Cachaça wird dort gerne pur getrunken. Der frische Geschmack hält die Balance zwischen süßen und sauren Noten und erinnert an Bananen, Papayas und Zitrusfrüchte.

Gin – Der Wacholderschnaps besticht – im Gegensatz zum geschmacksneutralen Wodka – mit seiner großen Aromenvielfalt. Neben der Grundnote Wacholder können über 120 andere natürliche Zutaten zum Geschmack des jeweiligen Gins beitragen. Der Alkoholanteil der vielfältigen Variationen liegt meistens zwischen 40 und 47 Vol%. Gin trinkt man z.B. im Gin Tonic oder dem berühmten Martini.

Himbeergeist – ist eine 40 Vol%-ige Spirituose mit starkem Himbeergeschmack. Hergestellt wird sie wie alle Obstgeiste, indem die Früchte in Alkohol gelagert werden. Die Aromastoffe der Himbeeren gehen auf den Alkohol über, der anschließend destilliert wird. So erhält man den fruchtigen Himbeergeist, dem keine sonstigen Aroma- oder Farbstoffe zugefügt werden.

Rum – wird meist aus Zuckerrohrmelasse erzeugt, dem Zuckersirup, der als Nebenprodukt bei der Zuckerherstellung übrigbleibt. Der weiße Rum mit über 40 Vol% Alkohol überzeugt in Cocktails mit seiner leichten Frische. Lagert man ihn in Eichenfässern, nimmt er deren Farbe sowie mehr Aromen und Süße an. Diese intensiveren goldenen oder braunen Rums trinkt man ebenfalls in Cocktails, kann sie aber auch gut pur genießen.

Tequila – ist mehr als ein billiger Partyshot. Die mexikanische Spirituose wird aus der blauen Weber-Agave gewonnen und hat ca. 40 Vol% Alkohol. Man unterscheidet die Qualitäten Mixto, wenn dem Agavenbrand noch anderer Alkohol hinzugefügt wird, und 100 % Agave, der nur aus dem Alkohol der Pflanze besteht und als edler gilt. Gereifte Tropfen heißen Tequila Reposado, Añejo oder Extra-añejo und werden pur und langsam genossen. Der klare Tequila Silver eignet sich hervorragend für Cocktails, wie z.B. den Tequila Sunrise.

Weinbrand – ist eine Spirituose, die aus Wein gebrannt wird und mindestens 36 Vol% Alkohol hat. Der Ausgangswein wird zweimal destilliert und anschließend für mindestens ein halbes Jahr in Eichenfässern gelagert. Dort erhält der Weinbrand seine goldbraune Farbe und den charakteristischen milden Geschmack aus Weinaroma und malziger Note. International kennt man Weinbrand eher als Brandy (Wine). Cognac heißt ein Weinbrand, der aus der französischen Region Cognac stammt.

Wodka – gibt es nicht nur aus Kartoffeln. Tatsächlich wird das 40 Vol%-ige „Wässerchen" (russisch) meistens aus Roggen, Weizen oder Gerste erzeugt. Auch Reis, Quinoa und sogar Trauben können als Grundlage dienen. Deren Eigengeschmack wird im Herstellungsprozess weitgehend neutralisiert. Die Häufigkeit der Destillation und die Art und Weise der Filtration entscheiden über die Qualität eines Wodkas. Wegen seines neutralen Geschmacks ist er in vielen Cocktails sehr beliebt. In Russland trinkt man ihn eher pur als geselligen Digestif zum Essen.

LIKÖR

Amaretto – ist ein bernsteinfarbener Likör mit nussigem, bzw. Marzipangeschmack. Der Name leitet sich vom italienischen „amaro" (= bitter) ab, denn Amaretto wird meist aus Bittermandeln, Aprikosenkernen, Alkohol und verschiedenen Gewürzen hergestellt. Als alkoholfreien Ersatz gibt es Amarettosirup, der allerdings oft noch süßer ist.

Aperol® – ist ein fruchtig-herber Bitterlikör der Marke Campari® mit 15 Vol% Alkohol. Die Rezeptur des italienischen Aperitifs gilt seit 1919 als unverändert. Das orange-rote Getränk enthält Rhabarber, Enzian, Bitterorange und Kräuter, die durch ihre bittere Süße den Appetit anregen. Man trinkt ihn pur auf Eis oder kann ihn im Cocktail verwenden.

Campari® – Der rubinrote, bittere Kräuterlikör stammt von der gleichnamigen italienischen Marke Campari®. Über 80 Zutaten des geheimen Familienrezepts tragen zur typisch herb-süßen Bitterkeit des Likörs bei. Früher wurde die intensive rote Farbe durch einen aus Blattläusen gewonnenen Farbstoff erzeugt. Heute erhält Campari® seine Farbe durch vegane Farbstoffe. Vielen ist der 25 Vol%-ige Likör pur zu bitter, weswegen er hauptsächlich in Cocktails verwendet wird.

Crèmes – sind besonders süße Liköre mit mindestens 250 g Zucker pro Liter. Die dickflüssigen Crèmes enthalten mindestens 15 Vol% Alkohol und haben einen konzentrierten, vollen Geschmack. Zwei beliebte Crèmes sind Crème de Cacao und Crème de Menthe. Der entweder weiße oder dunkle Schokoladenlikör Crème de Cacao wird aus Kakaobohnen gewonnen und schmeckt intensiv süß nach Schokolade. Weiße Crème de Cacao ist durchsichtig und gut geeignet für Cocktails, die ihre Farbe nicht verändern sollen. Die dunkle Variante schmeckt dank eines höheren Kakaoanteils meist etwas herber. Crème de Menthe bedeutet wörtlich Minzcreme und beschreibt einen Pfefferminzlikör, der entweder klar oder kraftvoll grün gefärbt ist. Beide schmecken süß und minzig-frisch. Die grasgrüne Crème de Menthe eignet sich gut zum Färben von Cocktails

Himbeerlikör – besticht mit seiner durchdringend roten Farbe und dem intensiv süßen Geschmack nach Himbeeren. Wie alle Liköre enthält er mindestens 15 Vol% Alkohol und hat einen sehr hohen Zuckergehalt von mindestens 100 g Zucker pro Liter. Als Fruchtsaftlikör besteht er zu mindestens einem Fünftel aus dem Saft der Himbeeren, dem Zucker, Alkohol und Wasser hinzugefügt werden. Man verwendet Himbeerlikör vor allem zur Farb- und Geschmacksgebung in Cocktails.

Orangenlikör – ist im Rezept oft nicht direkt genannt, sondern hinter den Bezeichnungen Curaçao, Triple Sec, Cointreau® oder Grand Marnier® versteckt. Taucht einer dieser Begriffe auf, ist meist allgemein ein klarer, starker Likör mit Orangengeschmack gewünscht. Wer seinen Cocktail mit gleichem Geschmack aber blauer Farbe möchte, der greift zum Blue Curaçao.

Southern Comfort® – wurde im Jahr 1874 in New Orleans als Cocktail auf Whiskeybasis erfunden. Heute ist es ein Likör, den man

aus Neutralalkohol herstellt, dem Zucker-, Aroma- und Farbstoffe hinzugefügt werden. Den weichen Whiskeygeschmack ergänzen Pfirsich, Orange, Vanille, Zimt und dunkle Schokolade. Den Likör mit 35 Vol% Alkohol kann man in allen Varianten trinken: pur, auf Eis oder im Cocktail.

WHISK(E)Y

Bourbon Whiskey – ist die vermutlich bekannteste amerikanische Whiskeysorte. Zur Herstellung muss als Rohstoff mindestens 51 % Mais verwendet werden, der dem Bourbon seine charakteristische Süße verleiht. Entscheidend für den Geschmack sind neben den ausgewählten Rohstoffen die Destillation, das zur Lagerung ausgewählte Holz der Fässer und die Reifedauer des Whiskeys. Der Whiskey schmeckt dank seiner Vanille- und Karamellnoten sehr weich, süß-fruchtig und manchmal herzhaft-rauchig – ideal zum puren Genuss oder in Cocktails.

Rye Whiskey – stammt aus Nordamerika und ist besonders würzig, trocken und weniger süß als andere Whiskey-Sorten. In den USA muss er zu mindestens 51 % aus Roggen („rye") hergestellt werden. In Kanada steht „Rye Whiskey" oft für Whiskey allgemein – wer speziell einen Roggenwhiskey wünscht, muss auf die Zutaten achten. In Cocktails wie Manhattan oder Old Fashioned besticht Roggenwhiskey, da er die restlichen Zutaten besser ergänzt als andere Sorten.

Schottischer Whisky – kennt man eher als Scotch, die Kurzform von Scotch Whisky, für die es genaue Auflagen gibt. Ein als Scotch bezeichneter Whisky muss in Schottland mit fest vorgegebenen Verfahren und Ausgangsstoffen hergestellt werden, anschließend mindestens drei Jahre in Eichenfässern in Schottland lagern und beim Verkauf mindestens 40 Vol% Alkohol haben. Der wohl berühmteste Scotch ist Johnnie Walker®. Die Schreibweise „Whisky" zeigt, dass es sich um ein schottisches Getränk handelt. Ein „Whiskey" kommt dagegen aus Irland oder den USA.

WEIN

Prosecco – bezeichnet nicht eine bestimmte Art von Getränken, sondern deren Herkunft. Nur aus Nordostitalien stammende und mit DOC/ DOCG gekennzeichnete Weine dürfen sich mit dem Namen Prosecco schmücken. In Deutschland kennen wir vor allem die mit Kohlensäure versetzten Weine Prosecco frizzante und Prosecco spumante. Frizzante ist ein leicht schäumender Perlwein ab 10,5 Vol% Alkohol mit Kordelverschluss, Spumante mit mindestens 11 Vol% Alkohol steht unter mehr Druck und zählt zu den Schaumweinen. Alle Prosecchi schmecken leicht säuerlich und je nach ihrem Restzuckergehalt trocken, extra trocken oder herb. Generell gilt: Je kühler der strohgelbe Wein serviert wird, umso länger perlt er.

Wermut/ Vermouth – heißt ein Wein, der mit verschiedenen Kräutern aromatisiert wurde. Etwa drei Viertel des Getränks sind weißer oder roter Wein. Dem wird eine oder mehrere Sorten der gleichnamigen Pflanze Wermut hinzugefügt sowie eine individuelle Zusammenstellung aus anderen Kräutern, Gewürzen, Blüten, Wurzeln etc., die den Geschmack dominieren. Eine wichtige Zutat ist außerdem eine hochprozentige Spirituose, durch die der Alkoholgehalt in Wermut mit 14,5–22 Vol% über normalem Wein liegt. Diesen „verstärkten", bitter-süßen Wein kennt man aus Aperitifcocktails wie Martini und Manhattan. Nicht mit dem gleichnamigen Cocktail zu verwechseln, ist die Marke Martini®. Dieser italienische Alkoholhersteller ist berühmt für seine vielfarbige und geschmacklich vielseitige Wermutreihe.

ALKOHOLFREI

Ginger Beer – heißt zwar wörtlich übersetzt „Ingwerbier", ist aber kein Bier, sondern ein alkoholfreier Softdrink, bzw. eine Limonade. Das trübe Ginger Beer enthält mehr Ingwer als Ginger Ale und manchmal Zitrussäfte, was ihm einen noch würzigeren Geschmack verleiht. Die intensive Schärfe eignet sich gut als Erfrischungsgetränk oder in Cocktails wie dem Moscow Mule.

Grenadine – oder eigentlich Grenadinesirup ist ein alkoholfreier, sehr süßer Sirup mit intensiv roter Farbe. Wie der Name schon verrät, wurde Grenadine ursprünglich aus dem Saft von Grenadinen/ Granatäpfeln hergestellt, die ihren Namen wiederum der Karibikinsel Grenada verdanken. Der heute im Handel erhältliche Sirup hat meistens wenig oder gar keinen Granatapfelsaft mehr, sondern Saft aus roten Beeren oder sogar nur Farb- und Aromastoffe. Ein Blick auf die Zutatenliste verrät, ob tatsächlich Fruchtsaft von Granatäpfeln und/ oder Beeren enthalten ist. Die fruchtige Grenadine eignet sich besonders zum Färben und Süßen von Lebensmitteln, z.B. im Tequila Sunrise.

Lemon Squash – ist alkoholfreier Zitronensirup. Er besteht aus Wasser, Zucker und Zitronensaft und schmeckt intensiv nach Zitrone, gleichzeitig aber sehr süß. Durch diese

Balance aus Bitterkeit und Süße verleiht der Sirup Getränken eine fruchtig-frische Note. Mischt man ihn mit kaltem Wasser, erhält man bereits ein kühles Erfrischungsgetränk. Ein beliebter Zitronensirup ist Rose's Lemon Squash®. Man kann ihn aber auch leicht aus Zitronen, Puderzucker und Wasser selbst herstellen.

Lime Juice (Cordial) – ist ein alkoholfreier Getränkezusatz aus Wasser, Limettensaft und Zucker. Süßer als normaler Limettensaft aber saurer als Limettensirup vereint das hellgelbe Konzentrat sauer-bittere Aromen mit süßen Elementen. Erfunden wurde Lime Juice Cordial im 19. Jahrhundert für die Schifffahrt, um Skorbut bei Seefahrern vorzubeugen. Heute findet er sich wegen seiner Frische und Spritzigkeit in vielen Cocktailklassikern. Die bekanntesten Marken sind Rose's Lime Juice® und der Lime Juice Cordial von MONIN®.

Mandelsirup – heißt in der Barsprache meist Orgeat. Das Wort stammt vom lateinischen „hordeata", was „aus Gerste gemacht" bedeutet und bezieht sich auf ein Getränk, das früher aus Gerste und Mandeln hergestellt wurde. Heute beinhaltet der alkoholfreie Sirup Mandeln, Zucker und oft Rosen- oder Orangenblütenwasser. Orgeat hat eine milchig-trübe weiße Farbe und schmeckt nach süßen Mandeln und Marzipan.

Sodawasser – In Deutschland kann jedes Tafelwasser, also sämtliches Quell-, Grund-, Leitungs- oder sogar Regenwasser, zu Sodawasser werden, wenn es gesprudelt und mit Natron versehen wird. Von Mineralwasser unterscheidet es sich dadurch, dass es nicht zwingend natürlichen Ursprungs sein muss, sondern seine Mineralstoffe eben „künstlich" zugeführt bekommt. Oft hat Sodawasser einen zurückhaltenderen Eigengeschmack als Mineralwasser und ist deswegen zum Mixen von Getränken beliebt. Prinzipiell kann für ein Rezept, das sprudeliges Wasser vorsieht, aber auch kohlensäurehaltiges Mineralwasser genommen werden – je nach eigenem Geschmack.

Tonic Water – ist eine farblose Bitterlimonade, die Chinin enthält. Die natürliche chemische Verbindung Chinin gewinnt man aus der Rinde des Chinarindenbaums. Dank ihr schmeckt Tonic Water sehr bitter und leuchtet unter UV-Licht. Ursprünglich wurde das kräftigende (= tonic) Getränk in Armeen zur Vorbeugung gegen Malaria verwendet. Weil es so bitter war, verdünnten die Soldaten es mit Gin, und der berühmte Gin Tonic war geboren. Heute genießt man das erfrischende Getränk dank der Zugabe von süßen Zitrusnoten und kohlensäurehaltigem Wasser auch oft pur. Seine Beliebtheit in Cocktails hat es aber nicht eingebüßt.

COCKTAILS MIT SEKT/ CHAMPAGNER

Champagner macht
keine Rotweinflecken!

4 Gläser | 3 Min. | leicht

GERRYS PINK LADY

Zubereitungszeit: 3 Minuten
Utensilien: 4 Martinigläser oder Tumbler
Zutaten für 4 Gläser

4 Eiswürfel
60 g Grenadine
200 g Champagner, alternativ Sekt
30 g Gin

Meine Pink Lady hat Champagnerlaune.

1. Verteile die Eiswürfel in die Gläser.

2. Gib Grenadine, Champagner und Gin in den Mixtopf und vermische die Zutaten 5 Sekunden/ Stufe 1. Fülle die Mischung in die Cocktailgläser um und genieße deinen fertigen Cocktail.

mix tipp

Das Originalrezept von Pink Lady besteht eigentlich aus Gin, Grenadine und Eiweiß. Von dem Hollywoodstar Jayne Mansfield wird behauptet, dass sie vor jedem Abendessen eine Pink Lady trank.

2 Gläser | 2 Min. | leicht

GERRYS PRETTY-WOMAN-COCKTAIL

Zubereitungszeit: 2 Minuten
Utensilien: 2 Cocktailschalen
Zutaten für 2 Gläser

- 8 Erdbeeren, reif, geputzt + 2 für die Deko
- 80 g Ananassaft
- 2 TL Puderzucker
- Sekt, eiskalt, zum Auffüllen

mix tipp

Das funktioniert auch mit tiefgekühlten Erdbeeren.

So wie ihn eine „Pretty Woman" mag …

1. Als Erstes putzt du 8 Erdbeeren und schneidest sie gegebenenfalls in grobe Stücke.

2. Gib die geputzten Erdbeeren mit Ananassaft und Puderzucker in den Mixtopf und püriere die Zutaten 1 Minute/ Stufe 10.

3. Fülle das tolle Ergebnis in 2 Cocktailschalen und fülle sie mit dem eiskalten Sekt auf. Dekoriere die Gläser jeweils mit einer Erdbeere am Glasrand.

4 Gläser | 4 h 5 Min. | leicht

GERRYS HIMBEERTONI

Zubereitungszeit: 5 Minuten
Kühlzeit: 4 Stunden
Utensilien: Cocktailshaker, 4 Sektgläser
Zutaten für 4 Gläser

- 120 g Himbeeren, frisch oder TK, verlesen
- 1 geh. TL Minzeblättchen, entstielt
- 50 g Himbeersirup, z.B. von MONIN®
- 50 g Himbeerlikör
- 50 g Himbeergeist
- Saft von ½ Zitrone
- 1 Flasche Rieslingsekt
- Eiswürfel zum Servieren

Ein Himbeertraum wird wahr!

1. Gib die verlesenen Himbeeren mit den entstielten und gewaschenen Minzeblättern in den Mixtopf und püriere die Mischung 10 Sekunden/ Stufe 10. Schiebe die Reste mit dem Spatel nach unten.

2. Füge Himbeersirup, Himbeerlikör, Himbeergeist und Zitronensaft hinzu und verrühre die Zutaten 10 Sekunden/ Stufe 4. Fülle die Himbeermischung in einen Cocktailshaker und stelle sie für 4 Stunden in den Kühlschrank.

3. Wenn deine Gäste kommen, schüttelst du die Himbeermischung nochmal ordentlich durch, verteilst Eiswürfel in die Gläser, gibst zur Hälfte Rieslingsekt dazu und füllst das restliche Glas mit der Himbeermischung auf. Wetten, dass deine Gäste begeistert sind?

8 Gläser | 12 h 10 Min. | mittel

GERRYS APEROL®-SPRITZ-EIS „RENATE" MIT PROSECCO

Zubereitungszeit: 10 Minuten
Gefrierzeit: 12 Stunden
Utensilien: gefrierfeste Form, 8 Sektgläser
Zutaten für 8 Gläser

- 2 EL Zucker, weiß
- Saft von 5 Orangen
- Saft von 1 Limette
- ¼ TL Salz
- 300 g Aperol®
- 1 Flasche Prosecco, kalt

mixtipp
Wer eine Eismaschine hat, kann die Mischung nach Schritt 2 für 40 Minuten in einer Eismaschine zu cremigem Eis verarbeiten.

Eine kleine Köstlichkeit (nicht nur für Gäste …)

1. Als Erstes produzieren wir feinen Puderzucker. Gib dafür den Zucker in den Mixtopf und pulverisiere ihn 10 Sekunden/ Stufe 10. Warte 2 Minuten, bevor du den Deckel öffnest, da es staubt. Schiebe den Zucker mit dem Spatel nach unten.

2. Füge Orangensaft, Limettensaft, Salz und Aperol® in den Mixtopf hinzu und vermische die Zutaten 3 Minuten/ Stufe 4.

3. Fülle die Mischung in eine gefrierfeste Form und gib diese über Nacht in den Tiefkühlschrank.

4. Schlage am nächsten Tag kurz vor dem Servieren das Eis in groben Stücken 2 Minuten/ Stufe 2–3 cremig. Mit einem langen Barlöffel probieren – geil!

5. Gib 1–2 Eisportionen in ein geeignetes Cocktailglas und fülle den Rest mit kaltem Prosecco auf. Verteile auch das restliche Eis und den Prosecco auf insgesamt 8 Gläser.

mix
tipp

Ich friere das Eis gerne in Eiswürfelbehältern ein. Dann hast du bei Bedarf schon kleine passende Portionen.

4 Gläser | 5 Min. | leicht

GERRYS HIMBEER-PROSECCO

Zubereitungszeit: 5 Minuten
Utensilien: feines Sieb, 4 Sektgläser
Zutaten für 4 Gläser

200 g Himbeeren, frisch, verlesen	
50 g Kokossirup, z.B. von MONIN®	
800 g Prosecco	

mix tipp

Dekoriere die Gläser mit jeweils einer Himbeere und einem Minzeblättchen auf einem Holzspieß ins Glas gelegt.

In diesem feinen Cocktail haben die Himbeeren ihren großen Auftritt.

1. Verlese die Himbeeren und gib sie in den Mixtopf. Püriere die Himbeeren gemeinsam mit dem Kokossirup 15 Sekunden/ Stufe 10.

2. Streiche die Himbeermischung durch ein feines Sieb und fülle sie in 4 Sektgläser. Fülle jedes Glas mit ca. 200 g Prosecco auf.

2 Gläser | 3 Min. | leicht

GERRYS FRENCH 75

Zubereitungszeit: 3 Minuten
Utensilien: 2 Sektgläser
Zutaten für 2 Gläser

60 g Gin
40 g Zitronensaft
20 g Läuterzucker (s. S. 11)
4 Eiswürfel
100 g Sekt

1. Gib Gin, Zitronensaft, Läuterzucker und Eiswürfel in den Mixtopf und vermenge die Zutaten 9 Sekunden/ Stufe 6.

2. Gieße die Mischung durch das Garkörbchen in die Sektgläser und fülle die Gläser mit dem Sekt auf.

mixtipp
Garniere die Gläser nach Belieben mit Zitronenschale.

mix tipp
Der French 75 ist benannt nach dem im 1. Weltkrieg benutzten 75-mm-Kaliber-Geschütz, weil seine alkoholische Wirkung von ähnlicher Durchschlagskraft ist.

4 Portionen | 20 Min. | mittel

GERRYS KÖSTLICHE HONIGMELONE MIT SEKT UND KOKOSMILCH

Zubereitungszeit: 20 Minuten
Zutaten für 4 Portionen

40 g Zucker

2 Honigmelonen, reif (beim Kauf daran riechen, wenn sie duften, sind sie richtig), gekühlt

350 g Kokosmilch, gekühlt

½ TL Salz

150 g Sekt, trocken, gekühlt

Ein einfacher, dennoch raffinierter Cocktail, der sich wunderbar als Dessert für deine Gäste eignet.

1. Gib als Erstes den Zucker in den Mixtopf und verarbeite ihn 7 Sekunden/ Stufe 10 zu Puderzucker. Warte 2 Minuten, bevor du den Deckel öffnest, da es sehr staubt.

2. Halbiere und entkerne die Melonen. Schneide jeweils auf der unteren Melonenseite ein Scheibchen ab, damit die Melonenhälften stabil stehen.

3. Entnehme mit einem Esslöffel die Hälfte des Fruchtfleischs und gib es gemeinsam mit Kokosmilch und Salz in den Mixtopf. Püriere die Zutaten 15 Sekunden/ Stufe 9. Schiebe die Reste mit dem Spatel nach unten.

4. Gib den Sekt dazu und vermische die Zutaten nochmal 6 Sekunden/ Stufe 2. Fülle die Mischung aus dem Mixtopf in die Melonenhälften.

mix tipp

Beim Halbieren der Melone sind deiner Fantasie keine Grenzen gesetzt. Besonders schön sieht es aus, wenn du in die Melone, wie hier, noch eine zackige Form rein schnitzt.

mixtipp
Im Sommer ist
dies eine wunderbare
Kaltschale!

COCKTAILS MIT GIN

Nach mir die Ginflut!

2 Gläser | 3 Min. | leicht

GERRYS GIN AND SIN

Zubereitungszeit: 3 Minuten
Utensilien: 2 Longdrinkgläser, gekühlt
Zutaten für 2 Gläser

- 80 g Gordon's® Gin
- 100 g Zitronensaft
- 80 g Orangensaft
- 8 Eiswürfel
- 20 g Grenadine

Dieser fruchtig-leichte Cocktail ist immer eine Sünde wert.

1. Als Erstes füllst du Gin, Zitronen- und Orangensaft in den Mixtopf und verrührst die Zutaten 9 Sekunden/ Stufe 5.

2. Nun verteilst du die Eiswürfel in die Gläser und gibst Grenadine hinzu. Gieße die Mischung aus dem Mixtopf dazu und serviere den Cocktail.

mix tipp

Ein wunderbar fruchtiger Cocktail! Zum Garnieren eignen sich eine Orangenscheibe und eine Cocktailkirsche.

4 Gläser | 3 Min. | mittel

GERRYS FRISCHER SOMMERAPERITIF MIT GIN UND BASILIKUM

Zubereitungszeit: 3 Minuten
Utensilien: 4 Tumbler
Zutaten für 4 Gläser

100 g Läuterzucker (s. S. 11)
200 g Gin
20 Blätter Basilikum oder Minze, frisch + 4 Blätter zur Dekoration
100 g Limettensaft
14 Eiswürfel

Wieder mal ein nicht alltägliches erfrischendes Getränk.

1. Gib Läuterzucker, Gin, Basilikumblätter, Limettensaft und 6 Eiswürfel in den Mixtopf und verrühre die Zutaten 6 Sekunden/ Stufe 6. Gieße den so entstandenen Cocktail durch ein Sieb.

2. Verteile in jedes Glas 4 Eiswürfel und gieße die Gläser mit der gesiebten Flüssigkeit auf. Dekoriere die Gläser jeweils mit einem Basilikum- oder Minzeblatt.

mix tipp

Friere den Cocktail in einer Eiswürfelform ein. Serviere die Eiswürfel dann portionsweise in einem Glas mit Sekt aufgegossen – köstlich!

2 Gläser | 3 Min. | leicht

GERRYS GIN FIZZ

Zubereitungszeit: 3 Minuten
Utensilien: 2 Longdrinkgläser oder Tumbler
Zutaten für 2 Gläser

60 g Gin
40 g Zitronensaft
2 EL Läuterzucker (s. S. 11)
12 Eiswürfel
60 g Sodawasser, z.B. von Schweppes®

1. Gib Gin, Zitronensaft, Läuterzucker und 6 Eiswürfel in den Mixtopf und vermische die Zutaten 12 Sekunden/ Stufe 7.

2. Fülle die 6 restlichen Eiswürfel in 2 Gläser. Gieße die Mischung aus dem Mixtopf durch das Garkörbchen in die Gläser und spritze die Mischung mit Sodawasser ab. Schon ist dein Gin Fizz fertig zum Genießen!

mix tipp

Ein Fizz charakterisiert sich immer darüber, dass er mit Sodawasser oder einem anderen sprudeligen Getränk aufgefüllt wird.

mixtipp

Ein Spritzer Limettensaft und eine Limettenscheibe zur Deko machen den Cocktail herrlich erfrischend!

2 Gläser | 3 Min. | leicht

GERRYS GIN TONIC

Zubereitungszeit: 3 Minuten
Utensilien: 2 Longdrinkgläser oder Tumbler, gekühlt
Zutaten für 2 Gläser

- 80 g Gin
- 160 g Tonic Water, z.B. von Schweppes®, zum Auffüllen
- 6 Eiswürfel
- 1 Zitrone oder Limette zum Garnieren

mix tipp

Nimm an heißen Tagen 240 g Tonic Water zur Erfrischung – das Verhältnis zwischen Gin und Tonic sollte entweder 1:2 oder 1:3 sein.

1. Gib Gin und Tonic Water in den Mixtopf. Vermische beides 9 Sekunden/ Stufe 9.

2. Nun verteilst du die Eiswürfel auf die Gläser und gießt den Cocktail darüber.

3. Schneide die Zitrone oder Limette in Scheiben. Drücke je 1 Scheibe über jedem Glas aus. Dann garnierst du den Glasrand mit je einer Scheibe Zitrone oder Limette.

mixtipp

Je nach Ginsorte kannst du den Cocktail auch mit einer Gurkenscheibe dekorieren.

2 Gläser | 4 Min. | leicht

GERRYS WHITE LADY

Zubereitungszeit: 4 Minuten
Utensilien: 2 Cocktailschalen oder Martinigläser
Zutaten für 2 Gläser

- 2 Eiweiß, frisch, Größe M
- 10 Eiswürfel
- 80 g Gin
- 40 g Orangenlikör, z.B. Cointreau®
- 40 g Zitronensaft

1. Gib Eiweiß, Eiswürfel, Gin, Orangenlikör und Zitronensaft in den Mixtopf und zerkleinere die Mischung 8 Sekunden/ Stufe 8.

2. Siebe den Cocktail durch das Garkörbchen in 2 Gläser und genieße ihn sofort!

mixtipp

Der Erfinder dieses Cocktails Harry MacElhone brauchte zwei Anläufe, um diesen heutigen Klassiker in den 1930er Jahren zu einem beliebten Cocktail zu machen. Im ersten Versuch mischte er Zitronensaft, Cointreau® und Crème de Menthe. Der hohe Anteil an Likör und das Fehlen einer Basisspirituose führten dazu, dass diese Mischung bei den Gästen nicht ankam. Er ersetzte Crème de Menthe durch Gin und reduzierte den Anteil an Cointreau® und damit entstand die heute berühmte White Lady!

2 Gläser | 3 Min. | leicht

GERRYS MARTINI TRADITIONELL

Zubereitungszeit: 3 Minuten
Utensilien: 2 Martinigläser
Zutaten für 2 Gläser

100 g Gordon's® Gin

60 g Martini®

6 Oliven jeweils 3 auf einem Spieß zur Deko

4 Eiswürfel

mix tipp

Wenn du auf die Eiswürfel im Glas verzichten möchtest, gehst du wie folgt vor: Kühle die Gläser vor. Gib Gin, Martini® und die 4 Eiswürfel in den Mixtopf und verrühre die Zutaten 8 Sekunden/ Linkslauf/ Stufe 2. Gieße den Martini durch das Garkörbchen in die Gläser, damit die Eiswürfel im Garkörbchen verbleiben.

Geschüttelt, nicht gerührt! So genießt James Bond bekanntlich seinen Martini. Welche Variante du bevorzugst, bleibt dir überlassen ...

1. Gib Gin und Martini® in den Mixtopf und vermische beides 8 Sekunden/ Stufe 8 kräftig miteinander.

2. Verteile jeweils 2 Eiswürfel in die Martinigläser und gieße den Martini darüber. Zur Dekoration gebe ich gerne 3 aufgespießte Oliven dazu.

1

COCKTAILS MIT LIKÖR

„Es ist ein Brauch von alters her:
Wer Sorgen hat, hat auch Likör."

(WILHELM BUSCH)

4 Gläser | 1 T 10 Min. | leicht

CAMPARI® MAL ANDERS:
ORANGENSAFT MIT INGWER-CAMPARI®-EISWÜRFELN

Zubereitungszeit: 10 Minuten
Gefrierzeit: 1 Tag
Utensilien: Eiswürfelbehälter, 4 Longdrinkgläser, gekühlt
Zutaten für 4 Gläser

- 50 g Ingwer, geschält, in Stücken
- 2 EL Minze, gehackt
- 500 g Wasser
- 70 g Campari®
- 16 Saftorangen, gepresst

Ich bin Campari®-Fan! Aber dieses Rezept ist schon was Besonderes …

1. Schäle den Ingwer und schneide ihn in Stücke. Dann hackst du die Minze. Zerkleinere beides im Mixtopf 10 Sekunden/ Stufe 9. Schiebe die Stücke mit dem Spatel nach unten.

2. Gieße jetzt Wasser und Campari® dazu und vermische alles 10 Sekunden/ Stufe 3.

3. Fülle die Mischung in Eiswürfelbehälter und friere sie für 24 Stunden ein.

4. Am nächsten Tag presst du die Saftorangen aus, gibst den Saft in 4 Longdrinkgläser und verteilst die Ingwer-Campari®-Eiswürfel darauf. Lecker!

3 Flaschen | 20 Min. | mittel

GERRYS ESPRESSOLIKÖR

Zubereitungszeit: 20 Minuten
Utensilien: Trichter, 3 saubere Flaschen à 400 ml
Zutaten für 3 Flaschen

1 Vanilleschote
400 g Wasser
7 TL Espressopulver, löslich
300 g brauner Zucker
2 EL Vanillezucker
150 g Sahne
200 g Wodka
200 g brauner Rum

Ein Likör mit italienischem Charme!

1. Schlitze zunächst die Vanilleschote auf und halbiere sie längs.

2. Nun gibst du sie mit Wasser, Espressopulver, braunem Zucker, Vanillezucker und Sahne in den Mixtopf und erhitzt die Mischung 9 Minuten/ 90°C/ Linkslauf/ Stufe 2.

3. Gieße den Wodka und den braunen Rum dazu und lass den Likör anschließend 4 Minuten/ 80°C/ Linkslauf/ Stufe 2 köcheln.

4. Zum Schluss nimmst du die Vanilleschote heraus und füllst den Espressolikör mithilfe eines Trichters in die sauberen Flaschen ab. Im Kühlschrank hält sich der Likör 10 Tage.

mix tipp

So zauberst du schnell einen leckeren Espresso-Martini: Für 2 Gläser verrührst du 100 g Wodka, 20 g Espressolikör und 2 kalte Espresso im Mixtopf 10 Sekunden/ Stufe 9. Serviere den Martini in 2 gekühlten Gläsern.

4 Flaschen | 10 Min. | leicht

GERRYS BLUEBERRY BLASTER

Zubereitungszeit: 10 Minuten
Utensilien: Trichter,
4 saubere Flaschen à 250 ml
Zutaten für 4 Flaschen

- 120 g Zucker
- 250 g Heidelbeeren, frisch, verlesen
- 250 g Wodka
- 250 g Schlagsahne, 30–40 % Fett

Das schmeckt nicht nur älteren Damen ...

1. Zunächst machen wir unseren Puderzucker selber. Gib dafür den Zucker in den Mixtopf und pulverisiere ihn 10 Sekunden/ Stufe 10. Warte 2 Minuten, bevor du den Deckel öffnest, da es sehr staubt. Schiebe die Reste mit dem Spatel nach unten.

2. Verlese und wasche die frischen Heidelbeeren und gib sie in den Mixtopf dazu. Vermenge Puderzucker und Heidelbeeren nochmals 10 Sekunden/ Stufe 10. Schiebe die Reste wiederum mit dem Spatel nach unten.

3. Füge Wodka und Sahne hinzu und verrühre die Mischung 10 Sekunden/ Stufe 8. Fülle den Blueberry Blaster mithilfe eines Trichters in saubere Flaschen ab. Lagere die Flaschen im Kühlschrank wegen der Sahne. Der Likör ist im Kühlschrank 1 Woche haltbar.

mix tipp

Mit frischen Heidelbeeren, 50 g selbstgemachtem Heidelbeerlikör, 70 g Rum, 1 EL Limettensaft und Eiswürfeln zauberst du schnell einen leckeren Cocktail für 4 Portionen.

2 Gläser | 5 Min. | mittel

GERRYS APEROL® FRAGOLA

Zubereitungszeit: 5 Minuten
Utensilien: 2 Stielgläser
Zutaten für 2 Gläser

4 Eiswürfel
16 Erdbeeren, reif, geputzt
100 g Aperol®
40 g Gin
40 g Zitronensaft
1 Spritzer Mandelsirup, z.B. von MONIN®, optional

mix tipp

Auch Minze eignet sich super zur Dekoration.

Das Modegetränk Aperol® hier mal ganz anders ...

1. Verteile die Eiswürfel in den 2 Gläsern.

2. Putze die Erdbeeren. Gib 14 Erdbeeren in den Mixtopf. Püriere sie 12 Sekunden/ Stufe 10. Schiebe die Reste mit dem Spatel nach unten.

3. Füge zu dem Erdbeerpüree Aperol®, Gin, Zitronensaft und Mandelsirup hinzu und mische die Zutaten 10 Sekunden/ Stufe 4.

4. Verteile die Mischung in die Gläser über die Eiswürfel und dekoriere deinen Cocktail mit frischen Erdbeeren. Fertig ist dein Aperol® Fragola!

2 Flaschen | 5 Min. | leicht

GEORG - GERRYS PERFEKTER ERDBEERLIMES

Zubereitungszeit: 5 Minuten
Utensilien: Trichter, 2 saubere Flaschen à 500 ml
Zutaten für 2 Flaschen

500 g Erdbeeren, frisch, geputzt
100 g Läuterzucker (s. S. 11)
Saft von 3 Limetten
280 g Wodka

mix tipp

Wenn du Georg noch perfekter machen möchtest, dann serviere ihn als Shot auf Eiswürfeln oder noch besser im Cocktailglas mit kaltem Prosecco aufgefüllt.

Dieses Rezept widme ich dem Georg - der hat Geburtstag und versteht was davon.

1. Putze zunächst die Erdbeeren und schneide sie gegebenenfalls in grobe Stücke.

2. Gib die Erdbeeren gemeinsam mit Läuterzucker und Limettensaft in den Mixtopf und püriere die Zutaten 20 Sekunden/ Stufe 8. Schiebe die Reste mit dem Spatel nach unten.

3. Nun fehlt nur noch der Wodka. Gib den Wodka in den Mixtopf dazu und püriere die Zutaten nochmals 10 Sekunden/ Stufe 4.

4. Fülle den Limes mithilfe eines Trichters in saubere Flaschen ab. Im Kühlschrank aufbewahrt hält er sich bis zu 5 Tage. Voilà! Fertig ist Georg, der perfekte Erdbeerlimes.

mixtipp

Frische Zitronenmelisse ist nicht nur schön fürs Auge, sondern harmoniert auch wunderbar mit den Erdbeeren! Eine tolle Ergänzung für deinen perfekten Georg.

4 Gläser | 5 Min. | leicht

GERRYS VERWÖHNERLE

Zubereitungszeit: 5 Minuten
Utensilien: 4 Longdrinkgläser oder Tumbler
Zutaten für 4 Gläser

12 Eiswürfel
2 Orangen, geschält, in Stücken
1 Zitrone, geschält, in Stücken
800 g Maracujasaft
50 g Campari®

Das ist schon mal eine echte Vorfreude für die Gäste.

1. Gib als Erstes 8 Eiswürfel in den Mixtopf und zerkleinere sie 6 Sekunden/ Stufe 9 mithilfe des Spatels. Schiebe die Reste mit dem Spatel nach unten.

2. Schäle die Orangen und die Zitrone und schneide beides in Stücke. Füge die Orangen- und Zitronenstücke mit Maracujasaft und Campari® in den Mixtopf hinzu und vermische die Zutaten 20 Sekunden/ Stufe 8.

3. Gieße den Cocktail durch das Garkörbchen in die 4 Gläser und gib pro Glas noch einen Eiswürfel dazu.

mix tipp

Wenn ich grad keinen Maracujasaft zur Verfügung habe, nehme ich halt Ananassaft. Der schmeckt dann anders, aber genauso gut dazu.

2 Gläser | 3 Min. | leicht

GERRYS CAMPARI® SODA

Zubereitungszeit: 3 Minuten
Utensilien: 2 Longdrinkgläser oder Tumbler
Zutaten für 2 Gläser

80 g Campari®
160 g Sodawasser, z.B. von Schweppes®
4 Eiswürfel
Zitronenmelisse und 1 Zitrone in Scheiben zur Deko

mix tipp

Gaspare Campari entwickelte 1860 ein Rezept, das bis heute geheim ist und dem Bitter zugrunde liegt.

Der italienische Klassiker schlechthin.

1. Gib Campari® und Soda in den Mixtopf und verrühre die Zutaten 5 Sekunden/ Stufe 6.

2. Verteile die Eiswürfel in 2 Gläser und gieße den Campari® Soda darüber. Schneide 1 Zitrone in Scheiben und gib sie in die Gläser dazu. Garniere die Gläser mit ein wenig Zitronenmelisse.

1 Flasche | 10 Min. | schwer

GERRYS HIMBEERHIMMEL

Zubereitungszeit: 10 Minuten
Utensilien: Trichter,
1 saubere Flasche à 1 Liter
Zutaten für 1 Flasche

500 g Himbeeren, frisch, verlesen
30 g Vanillezucker
50 g Zucker
Saft von 2 Zitronen
40 g Wasser
280 g Wodka

Ein super Limes, völlig ohne Zusatzstoffe.

1. Gib Himbeeren, Vanillezucker, Zucker, Zitronensaft, Wasser und Wodka in den Mixtopf und verrühre die Mischung 40 Sekunden/ Stufe 4–10. Schalte langsam von Stufe 4 auf Stufe 10 hoch.

2. Nun erhitzt du den Limes 7 Minuten/ 70°C/ Stufe 1. Vermische dann die Zutaten nochmal 10 Sekunden/ Stufe 5. Lass den Limes im Mixtopf abkühlen.

3. Fülle den abgekühlten Limes mithilfe eines Trichters in eine saubere Flasche ab. Im Kühlschrank ist er 10 Tage haltbar.

mix tipp

Wer die vielen Himbeerkerne nicht mag, dem empfehle ich, den Limes durch ein Sieb zu gießen.

mixtipp

Schmeckt pur oder als Longdrink mit Sekt aufgegossen.

COCKTAILS MIT WODKA

„Ich glaube, wenn dir das Leben Zitronen beschert, dann solltest du Limonade machen und jemanden finden, dem das Leben Wodka beschert hat, um zusammen eine Party feiern zu können.“

(RON WHITE)

4 Gläser | 10 Min. | leicht

BLOODY GERRY

Zubereitungszeit: 10 Minuten
Utensilien: 4 Longdrinkgläser oder Tumbler, gekühlt
Zutaten für 4 Gläser

5 Selleriestangen, geputzt, à 12 cm
400 g Dosentomaten, geschält, ganz, am besten Tomaten von Marzano®
20 g Zitronensaft
1 TL Salz
1 TL Tabasco®
1 TL Aceto balsamico, dunkel
2 Spritzer Worcestershiresauce
40 g Wodka
Pfeffer, schwarz, frisch gemahlen, nach Belieben
8 Eiswürfel

mixtipp

Wenn dir die Konsistenz zu dick sein sollte, rühre ein bisschen Wasser unter.

Meine blutige Maria schmeckt etwas anders ...

1. Als Erstes putzt du die Selleriestangen. Bewahre 4 für die Deko auf, schneide eine in Stücke und gib sie in den Mixtopf. Zerkleinere die Selleriestange 8 Sekunden/ Stufe 9. Dann schiebst du die Stückchen mit dem Spatel nach unten.

2. Nun gibst du die Dosentomaten dazu und vermischst die Zutaten 8 Sekunden/ Stufe 8.

3. Füge jetzt Zitronensaft, Salz, Tabasco®, Aceto balsamico, Worcestershiresauce, Wodka und Pfeffer (ganz nach Gusto) hinzu und verrühre die Mischung noch einmal 15 Sekunden/ Stufe 4.

4. Gib zum Servieren 2 Eiswürfel in jedes Glas, gieße die Bloody Gerry ein und dekoriere sie mit je einer geputzten Stange Sellerie.

2 Gläser | 6 Min. | mittel

GERRYS WHITE RUSSIAN

Zubereitungszeit: 6 Minuten
Utensilien: 2 Tumbler
Zutaten für 2 Gläser

- 80 g Wodka
- 80 g Kaffeelikör, z.B. Espressolikör (s. S. 11)
- 6 Eiswürfel
- 120 g Sahne, kalt

mix tipp

Garniere den White Russian mit Kaffeebohnen mit Schokoladenüberzug.

Und hier mal ein Russe ...

1. Gib zunächst Wodka und Kaffeelikör in den Mixtopf und verrühre beides 5 Sekunden/ Stufe 5.

2. Verteile die Eiswürfel in die Gläser und gieße die Mischung aus dem Mixtopf darüber. Reinige den Mixtopf.

3. Setze den Schmetterling in den Mixtopf ein und gib die Sahne dazu. Schlage die Sahne unter Beobachtung auf Stufe 3 halb steif.

4. Gieße die halbsteifgeschlagene Sahne vorsichtig in die Gläser und genieße deinen White Russian.

2 Gläser | 3 Min. | leicht

GERRYS BLUE LAGOON

Zubereitungszeit: 3 Minuten
Utensilien: 2 Longdrink- oder Hurricanegläser, gekühlt
Zutaten für 2 Gläser

- 8 Eiswürfel
- 40 g Blue Curaçao
- 80 g Wodka
- 20 g Zitronensaft
- 380 g Zitronenlimonade

mix tipp

Als Deko eignen sich Ananasscheiben oder Zitronenschale – sie passen super zu diesem karibischen Traum.

1. Verteile als Erstes die Eiswürfel in die Gläser.

2. Nun gibst du Blue Curaçao, Wodka und Zitronensaft dazu und vermischst alles 9 Sekunden/ Stufe 9.

3. Gieße die Mischung in die gekühlten Gläser und fülle sie mit der Limonade auf – herrlich erfrischend!

4 Gläser | 10 Min. | leicht

GERRYS TOMATEN-ZAUBERSAFT MIT SCHUSS

Zubereitungszeit: 10 Minuten
Utensilien: 4 Tumbler
Zutaten für 4 Gläser

- 500 g Tomaten, ohne Stielansätze, geviertelt
- 1 EL Tomatenmark
- 1 TL Zitronensaft
- 1 TL Olivenöl
- 1 TL Salz
- ½ TL Tabasco®
- 30 g Wodka
- ½ TL Aceto balsamico, dunkel
- Pfeffer, frisch gemahlen, nach Belieben
- 250 g Wasser

mixtipp
Auch ohne Alkohol schmeckt der Zaubersaft sehr lecker.

1. Wasche die Tomaten und entferne gegebenenfalls die Stielansätze. Viertele die Tomaten, gib sie mit Tomatenmark, Zitronensaft, Olivenöl, Salz, Tabasco®, Wodka, Aceto balsamico und Pfeffer in den Mixtopf und püriere die Zutaten 1 Minute/ Stufe 9.

2. Füge das Wasser hinzu und vermische alles kräftig 12 Sekunden/ Stufe 6.

2 Becher | 3 Min. | leicht

GERRYS MOSCOW MULE

Zubereitungszeit: 3 Minuten
Utensilien: 2 Kupferbecher
Zutaten für 2 Becher

- 120 g Wodka
- 420 g Ginger Beer, z.B. von Thomas Henry®
- 10 g Limettensaft
- 6 Limetten- und Gurkenscheiben
- 10 Eiswürfel

Und noch ein Russe …

1. Gib Wodka, Ginger Beer und Limettensaft in den Mixtopf und verrühre die Zutaten 5 Sekunden/ Stufe 3.

2. Verteile jeweils 3 Limetten- und Gurkenscheiben und 5 Eiswürfel in die Kupferbecher und gieße die Mischung aus dem Mixtopf darüber. Fertig ist dein Moscow Mule.

mix tipp

Der Moscow Mule entstand in den 1940er Jahren in den USA. Er war Teil einer Marketingaktion der Firma Smirnoff®, um Wodka in den USA beliebt und bekannt zu machen.

2 Gläser | 3 Min. | leicht

GERRYS COSMOPOLITAN

Zubereitungszeit: 3 Minuten
Utensilien: 2 Martinigläser, gekühlt
Zutaten für 2 Gläser

120 g Wodka
15 g Cranberrysaft
40 g Limettensaft
4 Eiswürfel
30 g Orangenlikör, z.B. Cointreau®
Limettenschale zur Deko

Besser nicht in High Heels genießen ...

1. Gib Wodka, Cranberrysaft, Limettensaft, Eiswürfel und Cointreau® in den Mixtopf und vermische die Zutaten 15 Sekunden/ Stufe 6.

2. Gieße die Mischung durch das Garkörbchen in die gekühlten Gläser und serviere den Cocktail jeweils mit Limettenschale garniert.

mixtipp

Cosmopolitan! Der Klassiker aus Sex and the City! Perfekt für den nächsten Mädelsabend!

2 Gläser | 3 Min. | leicht

GERRYS BLUE HAWAII

Zubereitungszeit: 3 Minuten
Utensilien: 2 Longdrink- oder Hurricanegläser, gekühlt
Zutaten für 2 Gläser

40 g Wodka
60 g Ananassaft
60 g Zitronensaft
2 Eiswürfel
30 g Blue Curaçao

mix tipp

Für noch mehr Hawaii-Feeling: Beim Trinken den Song „Blue Hawaii" hören! Das hätte auch Elvis gefallen ...

1. Fülle Wodka, Ananassaft und Zitronensaft in den Mixtopf.

2. Gib nun die Eiswürfel dazu und vermische alles 10 Sekunden/ Stufe 9. Gieße die Mischung in 2 gekühlte Gläser.

3. Gib zum Schluss den Blue Curaçao dazu: Sieht toll aus und schmeckt auch so!

2 Gläser | 3 Min. | leicht

GERRYS SEX ON THE BEACH

Zubereitungszeit: 3 Minuten
Utensilien: 2 Cocktailschalen oder Longdrinkgläser, gekühlt
Zutaten für 2 Gläser

- 90 g Wodka
- 30 g Pfirsichlikör
- 90 g Orangensaft
- 8 Eiswürfel
- 90 g Cranberrysirup oder -saft, z.B. von MONIN®
- Ananas und Physalis zum Dekorieren

1. Gib zuerst Wodka, Pfirsichlikör, Orangensaft und Eiswürfel in den Mixtopf und verrühre die Zutaten 9 Sekunden/ Stufe 9.

2. Verteile in die Gläser je 45 g Cranberrysirup.

3. Gieße die Mischung aus dem Mixtopf durch das Garkörbchen in die Gläser.

4. Schneide die Ananas in Scheiben und diese dann in Viertel. Dekoriere die Gläser mit Ananas und Physalis.

mixtipp

Auch der Sex on the Beach ist heute ein Klassiker unter den Cocktails. Der Cocktail entstand in den USA und wurde bei uns durch den enthaltenen Cranberrysirup oft abgewandelt. Denn Cranberrysirup war hier sehr selten zu haben. Mittlerweile wird aber die Cranberry auch bei uns immer beliebter und zumindest Cranberrysaft ist in jedem gut sortierten Supermarkt erhältlich.

WINE
SANGRIA
BEER
MARGARITAS

COCKTAILS MIT RUM

„So geht es mit Tabak und Rum:
erst bist du froh, dann fällst du um.“

(WILHELM BUSCH)

2 Gläser | 3 Min. | leicht

GERRYS CUBA LIBRE

Zubereitungszeit: 3 Minuten
Utensilien: 2 Longdrinkgläser oder Tumbler, gekühlt
Zutaten für 2 Gläser

- 80 g Bacardi®-Rum, weiß
- 40 g Rose's Lime®, gesüßter Limettensaft, erhältlich im gut sortierten Supermarkt
- 4 Eiswürfel
- Cola zum Auffüllen

1. Gib Rum und Rose's Lime® in den Mixtopf. Vermische die Zutaten 9 Sekunden/ Stufe 7.

2. Verteile die Eiswürfel in die Gläser.

3. Das Ergebnis aus dem Mixtopf gießt du nun in die Gläser über die Eiswürfel. Fülle sie mit Cola auf.

mixtipp

„Cuba libre" heißt übersetzt „freies Kuba". Nach der Befreiung von der spanischen Kolonialbesatzung wurde mit diesem klassischen Cocktail angestoßen und seitdem trägt er diesen Namen.

4 Gläser | 3 Min. | leicht

GERRYS PIÑA COLADA

Zubereitungszeit: 3 Minuten
Utensilien: 4 Hurricanegläser
Zutaten für 4 Gläser

240 g Bacardi®-Rum, weiß

300 g Ananassaft

160 g Kokoslikör, z.B. von MALIBU®

80 g Sahne

16 Eiswürfel

Ananasscheibe, geviertelt, für die Deko

mixtipp

Hör doch mal den Song „If you like Piña Coladas" von Rupert Holmes.

1. Gib als Erstes Rum, Ananassaft, Kokoslikör und Sahne in den Mixtopf und verrühre die Zutaten 10 Sekunden/ Stufe 9.

2. Füge die Eiswürfel hinzu und zerkleinere die Mischung 4 Sekunden/ Stufe 5. Gib den fertigen Cocktail in die Gläser und dekoriere die Gläser jeweils mit einer geviertelten Ananasscheibe.

6 Gläser | 5 Min. | leicht

GERRYS FEIERABEND-MOJITO

Zubereitungszeit: 5 Minuten
Utensilien: 6 Longdrinkgläser, gekühlt
Zutaten für 6 Gläser

2 Bio-Limetten, unbehandelt, gewaschen, halbiert + 2 Bio-Limetten, in Scheiben
180 g Wasser
200 g Sprite®
60 g Rohrzucker, braun
10 Minzeblätter, abgezupft, gewaschen + Minze für die Deko
80 g Bacardi®-Rum, weiß
450 g Eiswürfel

Unbedingt erst nach Feierabend genießen! Vorsicht! Kann süchtig machen!

1. Wasche und halbiere die 2 Limetten. Gib die Limettenhälften in den Mixtopf und zerkleinere sie 6 Sekunden/ Stufe 10. Schiebe die Stücke mit dem Spatel nach unten. Gib Wasser dazu und vermische die Zutaten 8 Sekunden/ Stufe 4.

2. Gieße die Mischung anschließend durch ein Sieb und fange sie in einer separaten Schüssel auf. Reinige den Mixtopf.

3. Gib den Limettensaft zusammen mit Sprite®, Rohrzucker, Minze und Rum in den Mixtopf und zerkleinere die Zutaten 25 Sekunden/ Stufe 6.

4. Verteile die Eiswürfel in die Gläser und schneide 2 Limetten in Scheiben. Verteile auch die Limettenscheiben in die Gläser und gieße die Mischung aus dem Mixtopf darüber. Garniere die Gläser mit Minzeblättern.

mixtipp

Dieser Cocktail ist wie ein Kurzurlaub auf Kuba!

2 Gläser | 2 Min. | leicht

GERRYS FROZEN DAIQUIRI

Zubereitungszeit: 2 Minuten
Utensilien: 2 Cocktailschalen oder Martinigläser
Zutaten für 2 Gläser

- 80 g Bacardi®-Rum, weiß
- 40 g Rose's Lemon Squash®, Zitronensirup, erhältlich im gut sortierten Supermarkt
- 80 g Rose's Lime®, gesüßter Limettensaft, erhältlich im gut sortierten Supermarkt
- 20 g Zitronensaft
- 12 Eiswürfel

mixtipp

Der Daiquiri kommt ursprünglich aus Kuba und ist nach der kubanischen Siedlung Daiquiri benannt.

Sommer, Sonne, Strand und ein frozen Daiquiri!

1. Gib Bacardi®, Rose's Lemon Squash®, Rose's Lime®, Zitronensaft und Eiswürfel in den Mixtopf und vermische die Zutaten 9 Sekunden/ Stufe 9.

2. Gieße den Daiquiri in 2 Gläser und serviere ihn.

2 Gläser | 3 Min. | leicht

GERRYS PLANTER'S PUNCH

Zubereitungszeit: 3 Minuten
Utensilien: 2 Longdrink- oder Hurricanegläser
Zutaten für 2 Gläser

- 6 Eiswürfel
- 60 g Myers's® Rum, braun
- 40 g Rum, weiß
- 50 g Zitronensaft
- 10 g Grenadine
- Orangensaft zum Auffüllen
- 1 Ananasscheibe, in Vierteln
- 1 Orange zum Garnieren

1. Verteile die Eiswürfel auf die Gläser.

2. Gib die Rumsorten, Zitronensaft und Grenadine in den Mixtopf und verrühre die Zutaten 6 Sekunden/Stufe 5.

3. Gib die Mischung in die Gläser zu den Eiswürfeln und gieße sie mit dem Orangensaft auf.

4. Garniere die Gläser mit je einem Ananasviertel und einer Orangenscheibe.

mixtipp

Der Planter's Punch variiert stark in der Wahl der Zutaten. Die klassische Variante bestand nur aus Limettensaft, Läuterzucker, Rum und Sodawasser. Heute ist in den meisten Bars die fruchtige Variante zu finden, wie auch hier in meinem Rezept.

COCKTAILS MIT TEQUILA

Es gibt nur eine Dreiecksbeziehung
die wirklich funktioniert.
Tequila, Salz, Zitrone.

2 Gläser | 5 Min. | leicht

GERRYS MARGARITA KLASSISCH

Zubereitungszeit: 5 Minuten
Utensilien: 2 Martini- oder Margaritagläser
Zutaten für 2 Gläser

4 Eiswürfel + weitere nach Belieben

40 g Tequila, weiß

20 g Triple Sec, Orangenlikör, z.B. Cointreau®

10 g Zitronensaft

10 g Limettensaft

Zitronenscheiben und grobes Meersalz zur Deko

Diese Margarita ist nicht nur in Mexiko der Hammer ...

1. Zunächst befeuchten wir die Cocktailgläser am oberen Rand mit einer Zitronenscheibe und drücken den Glasrand in grobes Meersalz. Trocknen lassen!

2. Gib nun 4 Eiswürfel in den Mixtopf und zerkleinere sie 12 Sekunden/ Stufe 9 mithilfe des Spatels. Füge Tequila, Triple Sec, Zitronen- und Limettensaft hinzu und mische die Zutaten 10 Sekunden/ Stufe 2.

3. Fertig ist der Cocktail. Nach Belieben kannst du noch weitere Eiswürfel in den Gläsern verteilen und den Cocktail aus dem Mixtopf in die Gläser füllen.

mixtipp

Die Margarita ist der Tequila-Cocktail-Klassiker schlechthin. Der in den 1930er Jahren in Mexiko entstandene Cocktail ist heute weltweit beliebt.

2 Gläser | 3 Min. | leicht

GERRYS BANANA MARGARITA

Zubereitungszeit: 3 Minuten
Utensilien: 2 Martini- oder Margaritagläser, gekühlt
Zutaten für 2 Gläser

- 4 Eiswürfel
- ½ Banane, reif, in Stücken
- 40 g Tequila, weiß
- 20 g Triple sec, Orangenlikör, z.B. Cointreau®
- 10 g Rose's Lime®, gesüßter Limettensaft, erhältlich im gut sortierten Supermarkt
- 10 g Rose's Lemon Squash®, Zitronensirup, erhältlich im gut sortierten Supermarkt

Noch eine spritzige Variante für eine Margarita.

1. Als Erstes zerkleinerst du die Eiswürfel im Mixtopf 8 Sekunden/ Stufe 8 mithilfe des Spatels. Schiebe die Reste mit dem Spatel nach unten.

2. Schäle eine halbe Banane und schneide sie in Stücke. Gib Bananenstücke, Tequila, Triple Sec, Rose's Lime® und Rose's Lemon Squash® in den Mixtopf und vermische die Zutaten 10 Sekunden/ Stufe 9. Ich empfehle den Einsatz des Spatels.

3. Richte deine Banana Margarita in 2 Gläsern an und serviere sie sofort.

1 Pitcher | 3 Min. | leicht

GERRYS FROZEN STRAWBERRY MARGARITA

Zubereitungszeit: 3 Minuten
Utensilien: 1 Pitcher (Glaskrug)
Zutaten für 1 Pitcher

100 g Erdbeeren, frisch, geputzt
180 g Tequila, weiß
90 g Triple sec, Orangenlikör, z.B. Cointreau®
100 g Rose's Lime®, gesüßter Limettensaft, erhältlich im gut sortierten Supermarkt
100 g Rose's Lemon Squash®, Zitronensirup, erhältlich im gut sortierten Supermarkt
12 Eiswürfel

mixtipp

Du kannst den Cocktail auch direkt in Margaritagläsern mit Salzrand servieren und jeweils mit einer Erdbeere dekorieren.

Hier kommt der Hammer!

1. Putze zunächst die Erdbeeren und schneide sie gegebenenfalls in grobe Stücke.

2. Gib die Erdbeeren mit Tequila, Triple sec, Rose's Lime®, Rose's Lemon Squash® und Eiswürfeln in den Mixtopf und vermische die Zutaten 18 Sekunden/ Stufe 9.

3. Gieße die Mischung in einen Pitcher.
Deine Gäste werden staunen…

2 Gläser | 5 Min. | leicht

GERRYS ORANGEN MARGARITA

Zubereitungszeit: 5 Minuten
Utensilien: 2 Margarita- oder Longdrinkgläser, gekühlt
Zutaten für 2 Gläser

4 Eiswürfel
80 g Tequila, weiß
80 g Orangensaft
40 g Orangenlikör, z.B. Cointreau®

mixtipp

Wer mag, kann auf jedes Glas einen Orangenschnitz zur Deko stecken.

So genieße ich Orangen am liebsten.

1. Verziere zunächst deine gekühlten Gläser mit einem Salzrand. Wie du den Salzrand herstellst, liest du in der Einleitung (s. S. 12).

2. Zerkleinere nun die Eiswürfel im Mixtopf 30 Sekunden/ Stufe 6 mithilfe des Spatels. Verteile das Crushed Ice in die Gläser.

3. Gib Tequila, Orangensaft und Orangenlikör in den Mixtopf und vermische die Zutaten 15 Sekunden/ Stufe 5. Gieße die fertig gemischte Margarita in die Gläser und serviere sie.

2 Gläser | 3 Min. | leicht

GERRYS MEXICANA COCKTAIL

Zubereitungszeit: 3 Minuten
Utensilien: 2 Longdrinkgläser oder Tumbler
Zutaten für 2 Gläser

- 80 g Tequila, weiß
- 80 g Zitronensaft
- 60 g Ananassaft
- 4 Eiswürfel
- 20 g Grenadine, zum Schluss!

Viva Mexico!

1. Gib Tequila, Zitronensaft, Ananassaft und Eiswürfel in den Mixtopf und verrühre die Zutaten 8 Sekunden/ Stufe 6. Gieße die Mischung in die 2 Gläser.

2. Beim Servieren gibst du jeweils 10 g Grenadine vorsichtig in jedes Glas dazu. Wegen dem Farbeffekt! Wow!

mixtipp

Garniere jedes Glas noch mit einem Orangen- oder Ananasschnitz.

2 Gläser | 3 Min. | leicht

GERRYS TEQUILA SUNRISE

Zubereitungszeit: 3 Minuten
Utensilien: 2 Longdrink- oder Hurricanegläser, gekühlt
Zutaten für 2 Gläser

160 g Tequila, weiß
300 g Orangensaft
8 Eiswürfel
80 g Grenadine
Orangenscheiben und Cocktailkirschen für die Deko

mixtipp

Grenadine muss als Erstes ins Glas, so bekommst du den tollen „Sonnenaufgangseffekt".

1. Mische Tequila und Orangensaft im Mixtopf 9 Sekunden/ Stufe 9.

2. Gib jetzt jeweils 4 Eiswürfel unzerkleinert in die Gläser und gieße Grenadine darüber.

3. Fülle die Gläser mit der Mischung aus dem Mixtopf auf. Garniere die Gläser jeweils mit einer Orangenscheibe und einer Cocktailkirsche.

BAR

COCKTAILS MIT WHISK(E)Y

„Man muss dem Leben immer um mindestens einen Whisky voraus sein.“

(HUMPHREY BOGART)

2 Gläser | 3 Min. | leicht

GERRYS ALABAMA SLAMMER

Zubereitungszeit: 3 Minuten
Utensilien: 2 Tumbler
Zutaten für 2 Gläser

- 60 g Southern Comfort® (das ist ein klasse Whiskey-Likör)
- 40 g Gordon's® Gin (jeder andere Gin geht auch)
- 40 g Amaretto
- 80 g Zitronensaft
- 60 g Orangensaft
- 4–6 Eiswürfel

Ob Südstaaten oder Südsee – mit diesem Cocktail liegst du überall richtig.

1. Gib Southern Comfort®, Gin, Amaretto, Zitronensaft und Orangensaft in den Mixtopf und mische die Zutaten im Mixtopf 12 Sekunden/ Stufe 5.

2. Verteile je 2–3 Eiswürfel in die Gläser und gieße den Alabama Slammer über die Eiswürfel. Serviere den Cocktail sofort.

2 Gläser | 3 Min. | leicht

GERRYS WHISKEY SOUR

Zubereitungszeit: 3 Minuten
Utensilien: 2 Tumbler, gekühlt
Zutaten für 2 Gläser

- 120 g Bourbon Whiskey
- 60 g Zitronensaft
- 30 g Läuterzucker (s. S. 11)
- 4–6 Eiswürfel
- Zitronenschale zur Deko

Sour macht lustig …

1. Gib Whiskey, Zitronensaft und Läuterzucker in den Mixtopf und vermische die Zutaten 12 Sekunden/ Stufe 5.

2. Verteile die Eiswürfel in die Gläser und gieße die Mischung darüber. Garniere die Gläser mit Zitronenschale.

mixtipp

Oft gibt man dem Whiskey Sour noch ein Eiweiß pro Glas hinzu, um dem Cocktail mehr Textur zu geben. Der Drink schmeckt aber auch ohne sehr lecker. Wenn du es aber mal ausprobieren möchtest, dann gib noch zwei Eiweiß mit in den Mixtopf. Serviert wird der Drink dann, sobald sich der Eiweißschaum oben am Glas absetzt.

2 Gläser | 2 Min. | leicht

GERRYS OLD FASHIONED

Zubereitungszeit: 2 Minuten
Utensilien: 2 Tumbler
Zutaten für 2 Gläser

- 2 TL Läuterzucker (s. S. 11)
- 4 Spritzer Angostura Bitter®
- 2 Schuss Wasser
- 120 g Bourbon Whiskey
- 12 Eiswürfel

mix tipp

Garniere die Gläser mit Orangenschale.

1. Gib Läuterzucker, Angostura Bitter®, Wasser und Whiskey in den Mixtopf und verrühre die Zutaten 6 Sekunden/ Stufe 7.

2. Verteile jeweils 6 Eiswürfel in die Gläser und gieße die Mischung aus dem Mixtopf in die Gläser. Nun kannst du den Old Fashioned servieren.

2 Gläser | 3 Min. | leicht

GERRYS MANHATTAN

Zubereitungszeit: 3 Minuten
Utensilien: 2 Cocktailschalen oder Tumbler
Zutaten für 2 Gläser

- 4 Eiswürfel
- 120 g Rye Whiskey
- 60 g Wermut, rot, süß, z.B. von Martini®
- 4 Spritzer Angostura Bitter®
- 4 Cocktailkirschen

1. Gib Eiswürfel, Whiskey, Wermut und Angostura Bitter® in den Mixtopf und vermische die Zutaten 8 Sekunden/ Stufe 5.

2. Gieße den Cocktail anschließend durch das Garkörbchen in die Gläser. Garniere die Gläser jeweils mit zwei Cocktailkirschen auf einem Spieß.

mix tipp

Der Manhattan ist ein typischer Aperitif. Es wird angenommen, dass der Cocktail in den 1870er Jahren in den USA entstanden ist.

2 Gläser | 2 Min. | leicht

GERRYS ROB ROY

Zubereitungszeit: 2 Minuten
Utensilien: 2 Martinigläser
Zutaten für 2 Gläser

- 80 g Schottischer Whisky, z.B. von Johnny Walker®
- 40 g Wermut, weiß, z.B. Martini® Bianco
- 40 g Wermut, rot, süß, z.B. von Martini®
- 4 Eiswürfel

Aperitifs regen den Appetit an. Vergiss nicht, dazu ein paar Nüsse zu servieren, das macht den alkoholischen Genuss angenehmer und leichter verdaulich.

1. Gib den Whisky und beide Wermutsorten in den Mixtopf und mische die Zutaten 8 Sekunden/ Stufe 5.

2. Verteile je 2 Eiswürfel in die Martinigläser und gieße den Rob Roy darüber. Sofort genießen!

mix tipp

Der Rob Roy ist verwandt mit dem Manhattan und unterscheidet sich in der Zubereitung, da er mit schottischem Whisky anstelle von amerikanischem Whiskey vermischt wird. Er zählt zu den Aperitifs, wird also vor dem Essen serviert. Gerne in einer gekühlten Cocktailschale oder einem Tumbler mit Eiswürfeln garniert mit Cocktailkirschen. Entstanden ist der Cocktail vermutlich 1894 im Hotel Waldorf-Astoria in New York.

VON ALLEM ETWAS UND NOCH EIN BISSCHEN MEHR ...

Karotten stärken die Sehkraft,
Cocktails verdoppeln sie.

2 Gläser | 3 Min. | leicht

GERRYS SWIMMING POOL

Zubereitungszeit: 3 Minuten
Utensilien: 2 Longdrink- oder Hurricanegläser
Zutaten für 2 Gläser

- 40 g Bacardi®-Rum, weiß
- 40 g Wodka
- 40 g Sahne
- 40 g Kokosmilch
- 20 g Blue Curaçao
- 60 g Ananassaft
- 4 Eiswürfel
- 1 Ananasscheibe in Vierteln für die Deko

Das schmeckt nicht nur den Mädels ... Autofahren würde ich aber danach nicht mehr ...

1. Gib Rum, Wodka, Sahne, Kokosmilch, Blue Curaçao, Ananassaft und Eiswürfel in den Mixtopf und vermische die Zutaten 10 Sekunden/ Stufe 9.

2. Gieße den Cocktail in 2 große Gläser, garniere sie mit der Ananas und serviere den Cocktail sofort.

mix tipp

Nicht nur die Farbe wird deine Gäste erfreuen. Nein, das schmeckt auch klasse!

2 Gläser | 3 Min. | leicht

GERRYS LONG ISLAND ICE TEA

Zubereitungszeit: 3 Minuten
Utensilien: 2 Longdrinkgläser
Zutaten für 2 Gläser

- 8 Eiswürfel
- 40 g Tequila, weiß
- 40 g Triple Sec, Orangenlikör, z.B. Cointreau®
- 40 g Gordon's® Gin
- 40 g Bacardi®-Rum, weiß
- 40 g Wodka
- 60 g Zitronensaft
- 80 g Rose's Lime®, gesüßter Limettensaft, erhältlich im gut sortierten Supermarkt
- Cola, nach Belieben
- 1 Bio-Limette, in Vierteln

Achtung, kein gewöhnlicher Tee ...

1. Verteile die Eiswürfel in die Gläser. Gib Tequila, Triple Sec, Gin, Rum, Wodka, Zitronensaft und Rose's Lime® in den Mixtopf und verrühre die Zutaten 20 Sekunden/ Stufe 4.

2. Fülle die Mischung in die 2 Gläser und toppe sie mit einem Schuss Cola, wenn du magst. Schneide die Limette in Scheiben und dann in Viertel. Gib die Limettenviertel in die Gläser dazu.

3 Gläser | 5 Min. | leicht

GERRYS EISKAFFEE „CHRISTOPH“

Zubereitungszeit: 5 Minuten
Utensilien: 3 Gläser
Zutaten für 3 Gläser

- 40 g Zucker
- 2 EL Kaffee, löslich
- 180 g Eiswürfel
- 350 g Milch, kalt
- 20 g Baileys®

Ein Eiskaffee der Spitzenklasse, der könnte direkt aus Irland kommen …

1. Gib zunächst Zucker und Kaffee in den Mixtopf und mahle die Zutaten 10 Sekunden/ Stufe 10 fein. Warte 2 Minuten, bevor du den Deckel öffnest, da es sehr staubt. Schiebe die Reste mit dem Spatel nach unten.

2. Füge die Eiswürfel hinzu und zerkleinere sie 15 Sekunden/ Stufe 10. Schiebe mit dem Spatel die Reste nach unten.

3. Gib die kalte Milch und den Baileys® hinzu und vermische die Zutaten 12 Sekunden/ Stufe 6. Fülle den fertigen Eiskaffee sofort in 3 Gläser und serviere sie.

2 Gläser | 5 Min. | leicht

GERRYS BACARDI® SPECIAL

Zubereitungszeit: 5 Minuten
Utensilien: 2 Martinigläser, gekühlt
Zutaten für 2 Gläser

- 4 Eiswürfel
- 100 g Bacardi®-Rum, weiß
- 40 g Gin
- 2 TL Zucker
- 2 Spritzer Grenadine
- Saft von einer Zitrone

Eine ganz besondere Mischung, die du nicht verpassen solltest.

1. Zuerst stellen wir im Mixtopf Crushed Ice her. Dazu gibst du die Eiswürfel in den Mixtopf und zerkleinerst sie 8 Sekunden/ Stufe 8 mithilfe des Spatels.

2. Dann gibst du Rum, Gin, Zucker, Grenadine und Zitronensaft hinzu und mischst die Zutaten 6 Sekunden/ Stufe 4.

2 Gläser | 2 Min. | leicht

GERRYS GRASSHOPPER

Zubereitungszeit: 2 Minuten
Utensilien: 2 Sektgläser, gekühlt
Zutaten für 2 Gläser

60 g Crème de Menthe, grün, Pfefferminzlikör, z.B. von MONIN®

60 g Crème de Cacao, weiß, z.B. von Bols®

4 Eiswürfel

60 g Sahne

mix tipp

Neben der grünen Farbe kannst du den Cocktail noch mit geraspelter Schokolade oben drauf optisch aufwerten.

1. Gib Crème de Menthe, Crème de Cacao, Eiswürfel und Sahne in den Mixtopf und vermische die Zutaten 6 Sekunden/ Stufe 7.

2. Gieße die Mischung durch das Garkörbchen in die vorbereiteten Gläser und genieße den Cocktail sofort.

2 Gläser | 2 Min. | leicht

ZOMBIE

Zubereitungszeit: 2 Minuten
Utensilien: 2 Longdrink- oder Hurricanegläser
Zutaten für 2 Gläser

- 10 Eiswürfel
- 80 g Bacardi®-Rum, weiß
- 80 g Rum, braun
- 40 g Rum, hochprozentig, über 70 Vol%
- 40 g Orangenlikör, z.B. Cointreau®
- 80 g Zitronensaft
- 80 g Ananassaft
- 80 g Orangensaft
- 40 g Grenadine
- Cocktailkirschen zur Deko

Achtung, dieser Cocktail ist nichts für zarte Seelen!

1. Gib zunächst die Eiswürfel in den Mixtopf und zerkleinere sie 10 Sekunden/ Stufe 10 mithilfe des Spatels.

2. Füge anschließend die drei Rumsorten, Cointreau®, Zitronensaft, Ananassaft, Orangensaft und Grenadine hinzu und vermenge die Zutaten nochmals 6 Sekunden/ Stufe 4. Gieße die fertige Mischung in die beiden Gläser und garniere sie mit Cocktailkirschen.

mix tipp

Der Zombie wurde im Restaurant „Don the Beachcomber" in Hollywood erfunden. Allerdings beschränkte man dort den Ausschank des Cocktails auf zwei Gläser pro Gast.

2 Gläser | 3 Min. | leicht

ALEXANDER

Zubereitungszeit: 3 Minuten
Utensilien: 2 Martinigläser, gekühlt
Zutaten für 2 Gläser

60 g Weinbrand, z.B. von Chantré®
60 g Crème de Cacao, braun, z.B. von Bols®
60 g Sahne
4 Eiswürfel

Das ersetzt den Nachtisch.

1. Gib Weinbrand, Crème de Cacao, Sahne und Eiswürfel in den Mixtopf und vermenge die Zutaten 9 Sekunden/ Stufe 9 kräftig miteinander.

2. Gieße den Cocktail durch das Garkörbchen in die vorbereiteten Gläser.

mix tipp

Wenn du magst, kannst du den fertigen Cocktail noch mit einer Prise gemahlener Muskatnuss bestreuen.

mixtipp

Der Alexander ist ein sogenannter Digestif und wird damit nach dem Essen gereicht.

2 Gläser | 5 Min. | leicht

GERRYS CAIPIRINHA

Zubereitungszeit: **5 Minuten**
Utensilien: 2 Tumbler, gekühlt
Zutaten für 2 Gläser

- 30 g brauner Zucker
- 40 g Cachaça, z.B. von Pitú®
- 6 Eiswürfel
- 2 Limetten, unbehandelt, gewaschen, in groben Stücken

1. Gib zunächst den Zucker in den Mixtopf. Pulverisiere ihn 2 Sekunden/ Stufe 10.

2. Gib dann Cachaça und Eiswürfel dazu und zerkleinere die Zutaten 3 Sekunden/ Stufe 5.

3. Wasche die Limetten und schneide sie in grobe Stücke. Gib sie in den Mixtopf dazu und zerkleinere die Zutaten nochmal 3 Sekunden/ Stufe 5. Gieße deinen Caipirinha in 2 Tumbler und serviere sie.

mixtipp

Dieser Cocktail bringt dir Brasilien-Feeling nach Hause!

mix tipp

Du kannst die Limetten auch in groben Stücken direkt in die Gläser geben und sie nur leicht mit einem Stößel zerdrücken. Gib dann die restliche Mischung aus dem Mixtopf dazu.

2 Gläser | 3 Min. | leicht

GERRYS MAI TAI

Zubereitungszeit: 3 Minuten
Utensilien: 2 Tumbler oder Longdrinkgläser
Zutaten für 2 Gläser

- 4 Eiswürfel
- 60 g Myers's® Rum, braun, erhältlich im gut sortierten Supermarkt
- 60 g Weinbrand
- 80 g Zitronensaft
- 80 g Rose's Lime®, gesüßter Limettensaft, erhältlich im gut sortierten Supermarkt
- 20 g Mandelsirup, z.B. von MONIN®

Der Mai Tai versprüht echtes Südseefeeling, obwohl er in den USA erfunden wurde.

1. Als Erstes zerkleinerst du die Eiswürfel im Mixtopf mithilfe des Spatels 8 Sekunden/ Stufe 8. Fülle die zerkleinerten Eiswürfel anschließend in 2 Gläser um.

2. Nun gibst du Rum, Weinbrand, Zitronensaft, Rose's Lime® und Mandelsirup in den Mixtopf und vermischst die Zutaten 10 Sekunden/ Stufe 5.

3. Gieße die Mischung aus dem Mixtopf über das zerkleinerte Eis in den Gläsern und genieße deinen Mai Tai.

mix tipp

Um einen ganz klassischen Mai Tai zu mixen, ersetze den Weinbrand einfach durch Orangenlikör.

2 Gläser | 5 Min. | leicht

GERRYS STARNBERGER SEE IM GLAS

Zubereitungszeit: 5 Minuten
Utensilien: 2 Longdrinkgläser mit Salzrand, gekühlt
Zutaten für 2 Gläser

- 1 TL Salz für den Glasrand
- Blue Curaçao für den Glasrand
- 2 Handvoll Eiswürfel
- 200 g Weißbier, gekühlt
- 200 g Apfelsaft, gekühlt
- 2 TL Blue Curaçao
- 1 Spritzer Zitronensaft

Wieder nicht Alltägliches vom Starnberger See.

1. In diesem Rezept machen wir als Erstes einen besonderen Salzrand mit Salz und Blue Curaçao. Feuchte dafür den Glasrand mit Blue Curaçao an und wälze den Glasrand dann durch das Salz.

2. Gib jetzt die Eiswürfel in den Mixtopf und zerkleinere sie 8 Sekunden/ Stufe 6 mithilfe des Spatels. Wenn du richtiges Crushed Ice bekommen möchtest, nimm Stufe 9 – ich mag die Eisstücke ein bisschen größer.

3. Gieße nun das Weißbier, den Apfelsaft, den Blue Curaçao und den Zitronensaft dazu und vermische alles kurz 3 Sekunden/ Stufe 3.

4. Serviere den Cocktail stilvoll in den vorbereiteten Gläsern – der Blue Curaçao macht einen herrlich himmelblauen Salzrand!

mixtipp
Zum Garnieren eignet sich gut eine dünne Scheibe Zitrone oder Apfel!

UND AUCH MAL OHNE ALKOHOL

Ich kann auch
ohne Alkohol peinlich sein!

1–2 Gläser | 3 Min. | leicht

GERRYS AUTOFAHRER-COCKTAIL „SAFE DRIVE HOME“

Zubereitungszeit: 3 Minuten
Utensilien: 1–2 Longdrinkgläser
Zutaten für 1–2 Gläser

- 60 g Zitronensaft
- 40 g Orangensaft
- 40 g Ananassaft
- 30 g Rose's Lime®, gesüßter Limettensaft, erhältlich im gut sortierten Supermarkt
- 20 g Grenadine
- 4 Eiswürfel
- Orangenscheibe(n) für die Deko

Garantiert Führerscheinfreundlich!

1. Vermische Zitronensaft, Orangensaft, Ananassaft, Roses's Lime® und Grenadine im Mixtopf 8 Sekunden/ Stufe 6.

2. Verteile die Eiswürfel in das Glas oder die Gläser und gieße die Mischung in das Glas/ die Gläser. Garniere den Cocktail mit einer Orangenscheibe. Fertig ist dein Cocktail!

2 Gläser | 3 Min. | leicht

GERRYS SUNSHINE

Zubereitungszeit: 3 Minuten
Utensilien: 2 Longdrinkgläser
Zutaten für 2 Gläser

- 4 Eiswürfel
- 20 g Mangosaft
- 40 g Pfirsichsaft
- 60 g Maracujasaft
- 80 g Orangensaft

So geht die Sonne niemals unter.

1. Zunächst werden die Eiswürfel zerkleinert. Dafür gibst du sie in den Mixtopf und zerkleinerst sie 8 Sekunden/ Stufe 8 mithilfe des Spatels. Schiebe die Reste mit dem Spatel nach unten.

2. Gib Mangosaft, Pfirsichsaft, Maracujasaft und Orangensaft dazu und mische den Cocktail 6 Sekunden/ Stufe 4 kräftig durch.

mixtipp

Nimm beim Zerkleinern von Eis auf jeden Fall den Spatel zur Hilfe, sonst kann es passieren, dass Eisbrocken oberhalb des Messers herumfliegen.

2 Gläser | 5 Min. | leicht

GERRYS COCONUT KISS

Zubereitungszeit: 5 Minuten
Utensilien: 2 Cocktailschalen, gekühlt
Zutaten für 2 Gläser

- 4 Eiswürfel
- 140 g Ananassaft
- 40 g Kokossirup, z.B. von MONIN®
- 40 g Sahne
- 20 g Grenadine, zum Auffüllen

1. Als Erstes zerkleinerst du die Eiswürfel im Mixtopf 10 Sekunden/ Stufe 10 mithilfe des Spatels.

2. Nun gibst du Ananassaft, Kokossirup und Sahne dazu und vermischst alles 5 Sekunden/ Stufe 5.

3. Gieße die dickflüssige Mischung in 2 Gläser und fülle sie mit Grenadine auf: So können deine Gäste mit etwas Fantasie einen roten Kussmund im Glas erkennen.

mixtipp

Herrlich karibisch! Als Deko für den Glasrand eignet sich je eine Scheibe Ananas.

4 Gläser | 10 Min. | leicht

GERRYS SMOOTHIE HAWAII

Zubereitungszeit: 10 Minuten
Utensilien: 4 Longdrinkgläser oder Tumbler, gekühlt
Zutaten für 4 Gläser

- 1 Mango, reif, geschält, in Stücken
- 1 Banane, geschält, in Stücken
- ½ Ananas, geschält, ohne Strunk, in Stücken
- 2 Orangen, geschält, in Stücken
- 1 TL Zitronensaft
- 600 g Kokosmilch aus der Dose
- 1 Ananasscheibe in Vierteln zur Deko

Eine wieder nicht alltägliche Mischung aus feiner Süße und Säure.

1. Schäle Mango, Banane, Ananas und Orangen, entferne den Strunk der Ananas und schneide das Fruchtfleisch in Stücke.

2. Gib die Obststücke mit dem Zitronensaft in den Mixtopf und vermische alles 25 Sekunden/ Stufe 9 zu einem dickflüssigen Saft. Wenn du es feiner möchtest, nimm Stufe 10.

3. Jetzt fügst du Kokosmilch hinzu und mischst alles noch einmal kräftig 25 Sekunden/ Stufe 6 durch.

4. Verteile den Smoothie nun auf die Gläser und garniere die Gläser mit Ananas.

mixtipp

Für deine erwachsenen Gäste: Mische in Schritt drei mit der Kokosmilch noch 20 g Bacardi®-Rum dazu!

mixtipp

HIER WEITERE TITEL VON GERRY…

mixtipp Lieblingsfischgerichte
120 Seiten,
Format: 17 x 24 cm,
Klappenbroschur,
durchgehend farbig bebildert,
ISBN: 978-3-96058-975-4, **9,99 €**

Lust auf Fisch? Für alle Liebhaber von Speisen aus Meer und See hat das Team mixtipp gemeinsam mit dem Autor Gerhard Walter über 40 leckere und ausgefallene Fischrezepte zusammengestellt. Gerhard Walter alias Gerry ist ein Spezialist für Fischgerichte und begeistert seit einem Jahr seine Fans in verschiedenen Internetforen mit seinen Rezepten, die er ausschließlich mit dem Thermomix® kreiert.
Neben traditionellen Gerichten mit Lachs oder Matjesstückchen in Dillsahne experimentiert Gerry auch mit exotischen Meeresbewohnern. Dabei verwöhnt er uns ebenfalls mit kreativen Suppen oder speziellen Vorspeisen. Wie immer gilt: Alle Fischgerichte kannst du im TM5® und TM31® entspannt nachkochen. Wir wünschen dir viel Spaß beim Entdecken der Meeres-, Seen und Flusswelt und beim Zubereiten der Fischgerichte.

mixtipp: Lieblingsrubs und Gewürze
120 Seiten,
Format: 17 x 24 cm,
Klappenbroschur,
durchgehend farbig bebildert,
ISBN: 978-3-96058-042-3, **9,99 €**

Du grillst gerne, aber es soll schon etwas besonders sein? Nachdem der Autor, Gerry Walter, schon mit seinem ersten Buch „Lieblingsfischgerichte" die Thermomix®-Fans restlos begeistert hat, legt er nun, mit „Gerrys Rubs und Gewürzen" noch einmal nach.
Hier finden Liebhaber exotischer und individueller Geschmacksnoten Rezepte für spezielle Salze, Gewürzmischungen, Saucen und Marinaden, die jeder Küche und auch dem nächsten Grillfest das gewisse Etwas verleihen.
Neben Gerrys berühmtem Zaubersalz, kannst du deine Gäste mit einem Chili-Schoko- Zaubersalz oder einer selbstgemachten asiatischen Marinade überraschen.
Denn: fertig marinierte Steaks und Gewürzmischungen kaufen kann ja jeder, aber selber machen macht mehr Spaß! Folgt Gerry in seine Zauberküche und seht selbst.

mixtipp: Gerrys Pasta
120 Seiten,
Format: 17 x 24 cm,
Klappenbroschur,
durchgehend farbig bebildert,
ISBN: 978-3-96058-242-7, **9,99 €**

Pasta macht glücklich!
Unser erfolgreicher Autor Gerry Walter liebt Pasta genauso wie wir und gibt nun in seinem dritten Band der mixtipp-Reihe mit über 40 Rezepten Einblick in seine Pasta-Welt. Wie wäre es mal mit einer weißen Tomaten-Vanille-Sauce oder einem buntem Pasta-Salat? Schnelle Alltagsgerichte wie Spaghetti Aglio e Olio oder Thunfisch-Pasta sind genauso vertreten wie feine Hummerpasta oder Gnocchi in Morchelrahmsauce, wenn es gilt, Gäste edel zu bewirten. Ob Fleisch, Fisch oder vegetarisch – Pasta geht immer und Pasta schmeckt jedem! Natürlich gilt auch in diesem Buch wieder: Alles ist schnell und einfach im TM 5® oder TM 31® zubereitet. Also auf ins Pasta-Glück mit Gerry!

LEMPERTZ